Grimms Märchen tiefenpsychologisch gedeutet

Eugen Drewermann / Ingritt Neuhaus

Marienkind

Märchen Nr. 3 aus der Grimmschen Sammlung

Walter-Verlag Olten und Freiburg im Breisgau

Der Text des Märchens ist in der Fassung der Grimmschen «Kinder- und Hausmärchen»
von 1857 wiedergegeben.

Handgeschriebener Text und Batikbilder stammen von Ingritt Neuhaus,
die tiefenpsychologische Deutung von Eugen Drewermann.

4. Auflage 1990

© Walter-Verlag AG Olten, 1984
Gesamtherstellung in den grafischen Betrieben des Walter-Verlags
Printed in Switzerland

ISBN 3-530-16864-5

Vorwort

In Märchen geht es mitunter ähnlich zu wie in psychotherapeutischen Gesprächen. Wer am Anfang einer Therapie, statt von sich selber, viel von Gott und göttlichen Mächten zu berichten weiß, gibt damit meistens zu verstehen, daß er vor sich selber und dem Leben Angst hat. Was er mit «Gott» bezeichnet, ist zumeist eher ein später Nachhall seiner Erfahrungen mit der eigenen Mutter und dem eigenen Vater denn ein Hinweis auf eine tiefere Erfahrung der Wirklichkeit, und es bedarf in solchem Falle fast immer einer langen Zeit geduldiger Begleitung und ruhigen Verstehens, um den Gotteskomplex – die unbewußte Vergöttlichung menschlicher Erfahrungen und, damit verbunden, die Dämonisierung des Göttlichen – im Leben eines Menschen wieder rückgängig zu machen. Einem Außenstehenden mag es dann vielleicht so scheinen, als werde in einem solchen Prozeß der Analyse respektlos das Heilige profaniert, das Religiöse entzaubert und das Göttliche auf «einfache» Triebkräfte und Erlebnisinhalte reduziert; wer jedoch von innen her sich in die Welt der Betroffenen einzufühlen vermag, wird mit Erleichterung spüren, daß nur die Hindernisse weggeräumt wurden, die das reine Bild Gottes im Herzen eines Menschen bis dahin verstellten. Die schönste Art, Gott würdig zu verehren, besteht darin, gegen alle Angst den Menschen sich selbst wieder zurückzugeben; erst dann, im Umkreis eines größeren Vertrauens, gewinnen auch die Bilder der Märchen, diese großen archetypischen Weggeleiter des Menschen auf dem geheimnisvollen Pfade der Erlösung, ihre heilende Kraft zurück. Gerade deshalb stellt sich heute wohl keine Aufgabe dringlicher, als die Bilder des Religiösen von den Beimischungen der Angst mitsamt ihren unheilvollen Ambivalenzen zu reinigen. Das geeignete Feld solcher Bemühungen aber liegt unter anderem bevorzugt in den Grenzzonen zwischen Märchen und Mythos bzw. zwischen Märchen und Legende, also gerade an jener Stelle, an der auch das Märchen vom «Marienkind» angesiedelt ist.

In der vorliegenden Reihe der Interpretation Grimmscher Märchen bot sich immer wieder Gelegenheit, auf die tiefe Lebenserfahrung und Weisheit hinzuweisen, die den Märchen aus den Tagen mythischer Überlieferung zukommt. Weit davon entfernt, nur Erzählungen für Kinder zu sein, beantwortete ein Märchen wie etwa die Geschichte von der «Frau Holle» auf dem Hintergrund der alten Sonnen- und Mondmythologie die Frage nach Recht und Unrecht auf Erden; eine Erzählung wie das Märchen vom «Mädchen ohne Hände» vermochte unter Hinweis auf die Wiedergeburt des Mondes den Menschen über die unheilvollen Zerstörungen seines Lebens zu trösten; das Märchen von «Schneeweißchen und Rosenrot» wiederum zeigte und beschrieb uns am Wechsel von Sommer und Winter ein Leben der wechselseitigen Ergänzung und des harmonischen Einklangs von Mensch und Natur. In all diesen Fällen war ein unterschiedliches Interpretationsverfahren notwendig, denn es geschieht den Märchen stets Unrecht, wenn irgendeine tiefenpsychologische Schulrichtung ihr «Nichts anderes als» ausgerechnet an Erzählungen zu exemplifizieren sucht, die so vielschichtig sind wie die Märchen. Einzig «Der goldene Vogel» erwies sich als ein Märchen, auf das sich insbesondere das Schema der Schule C. G. Jungs von der «Individuation» als Grundaussage der Märchen ohne Schwierigkeiten anwenden ließ.

Auch bei dem Märchen vom «Marienkind», dem dieser Band gewidmet ist, handelt es sich unzweifelhaft um eine Entwicklungsgeschichte; aber nicht dies ist es, was unser Märchen so faszinierend macht. Im Gegenteil, rein psychologisch gesehen ist die Geschichte vom «Marienkind» mehr als unbefriedigend; indes, während viele Märchen den alten vorchristlichen Schatz der Mythen widerspiegeln, ist das Märchen vom «Marienkind» in gerade der umgekehrten Richtung eine eigentümliche Verbindung mit christlichem Gedankengut und Ethos eingegangen; – es steht der Legende näher als dem Mythos, und eben dadurch eignet es sich als ein einzigartiger Prüfstein für die Menschlichkeit oder Unmenschlichkeit bestimmter Formen von Religiosität und Frömmigkeit. Prinzipiell stellt dieses Märchen den Leser vor die Frage, für wen er Partei ergreifen will: für die hilflose Armut eines heranwachsenden Mädchens oder

für die Übermacht scheinbar himmlischer Wesenheiten, für die Allmacht der Liebe oder für die Nützlichkeit der Angst, für die Offenheit der Rede oder für die Verschlossenheit der stummen Lüge. Unter der Schutzdecke frommer Sprache enthüllt sich dem aufmerksamen Leser eine unentrinnbare Tragödie, in der die Eindrücke der Kindertage sich dem Leben einer erwachsenen Frau einprägen und sie zwingen, ihrer Angst beinahe sogar noch die eigenen Kinder zu opfern. Wie sich Menschenfurcht in Gottvertrauen, der Gottesschrecken in Gnade, die Lüge in Wahrhaftigkeit zu wandeln vermag, ist die Frage dieses Märchens; und sie entscheidet sich daran, wieviel Mut ein Mensch dazu aufbringt, der Liebe mehr zu trauen als der Angst. Erst in einem Vertrauen, wie es allein die Liebe lehrt, vermag selbst uns Erwachsenen ein Stück der eigenen ver-

lorenen Kindlichkeit wieder zurückgeschenkt zu werden.
Es besteht daher kein Grund, den Märchen gegenüber großzutun. «Wir meinen, das Märchen und das Spiel gehöre zur Kindheit: wir Kurzsichtigen! Als ob wir in irgendeinem Lebensalter ohne Märchen und Spiel leben möchten! Wir nennen's und empfinden's freilich anders, aber gerade dies spricht dafür, daß es dasselbe ist –: denn auch das Kind empfindet das Spiel als Arbeit und das Märchen als seine Wahrheit.» (F. NIETZSCHE: Menschliches-Allzumenschliches. Ein Buch für freie Geister, 2. Bd., Nr. 270) Die Grimmschen Märchen in Bild und Wort so auszulegen, daß, wer sie liest, sich selbst dabei aufs Spiel setzt, indem er in der Arbeit an sich selbst der eigenen Wahrheit näher kommt, ist Ziel und Aufgabe gerade dieses Buches zum «Marienkind».

Marienkind

Vor einem großen Walde lebte ein Holzhacker mit seiner Frau, der hatte nur ein einziges Kind, das war ein Mädchen von drei Jahren. Sie waren aber so arm, daß sie nicht mehr das tägliche Brot hatten und nicht wußten, was sie ihm sollten zu essen geben. Eines Morgens ging der Holzhacker voller Sorgen hinaus in den Wald an seine Arbeit, und wie er da Holz hackte, stand auf einmal eine schöne große Frau vor ihm, die hatte eine Krone von leuchtenden Sternen auf dem Haupt und sprach zu ihm: „Ich bin die Jungfrau Maria, die Mutter des Christkindleins: du bist arm und dürftig, bring mir dein Kind, ich will es mit mir nehmen, seine Mutter sein und für es sorgen." Der Holzhacker gehorchte, holte sein Kind und übergab es der Jungfrau Maria, die nahm es mit sich hinauf in den Himmel. Da ging es ihm wohl, es aß Zuckerbrot und trank süße Milch, und seine Kleider waren von Gold, und die Englein spielten mit ihm. Als es nun vierzehn Jahre alt geworden war, rief es einmal die Jungfrau Maria zu sich und sprach: „Liebes Kind, ich habe eine große Reise vor, da nimm die Schlüssel zu den dreizehn Türen des Himmelreichs in Verwahrung: zwölf davon darfst du aufschließen und die Herrlichkeiten darin betrachten, aber

die dreizehnte, wozu dieser kleine Schlüssel gehört, die ist dir verboten: hüte dich, daß du sie nicht aufschließest, sonst wirst du unglücklich." Das Mädchen versprach gehorsam zu sein, und als nun die Jungfrau Maria weg war, fing sie an und besah die Wohnungen des Himmelreichs: jeden Tag schloß sie eine auf, bis die zwölfe herum waren. In jeder aber saß ein Apostel und war von großem Glanz umgeben, und es freute sich über all die Pracht und Herrlichkeit, und die Englein, die es immer begleiteten, freuten sich mit ihm. Nun war die verbotene Tür allein noch übrig, da empfand es eine große Lust zu wissen, was dahinter verborgen wäre, und sprach zu den Englein: "Ganz aufmachen will ich sie nicht und will auch nicht hineingehen, aber ich will sie aufschließen, damit wir ein wenig durch den Ritz sehen." "Ach nein," sagten die Englein, "das wäre Sünde: die Jungfrau Maria hat's verboten, und es könnte leicht dein Unglück werden." Da schwieg es still, aber die Begierde in seinem Herzen schwieg nicht still, sondern nagte und pickte ordentlich daran und ließ ihm keine Ruhe. Und als die Englein einmal alle hinausgegangen waren, dachte es: Nun bin ich ganz allein und könnte hineingucken, es weiß es ja niemand, wenn ich's tue. Es suchte den Schlüssel heraus, und als es ihn in der Hand hielt, steckte es ihn auch ins Schloß, und als

es ihn hineingesteckt hatte, drehte es auch um. Da sprang die Türe auf, und es sah da die Dreieinigkeit im Feuer und Glanz sitzen. Es blieb ein Weilchen stehen und betrachtete alles mit Erstaunen, dann rührte es ein wenig mit dem Finger an den Glanz, da ward der Finger ganz golden. Alsbald empfand es eine gewaltige Angst, schlug die Türe heftig zu und lief fort. Die Angst wollte auch nicht wieder weichen, es mochte anfangen, was es wollte, und das Herz klopfte in einem fort und wollte nicht ruhig werden: auch das Gold blieb an dem Finger und ging nicht ab, es mochte waschen und reiben, soviel es wollte. Gar nicht lange, so kam die Jungfrau Maria von ihrer Reise zurück. Sie rief das Mädchen zu sich und forderte ihm die Himmelsschlüssel wieder ab. Als es den Bund hinreichte, blickte ihm die Jungfrau in die Augen und sprach: „Hast du auch nicht die dreizehnte Türe geöffnet?", „Nein", antwortete es. Da legte sie ihre Hand auf sein Herz, fühlte, wie es klopfte und klopfte, und merkte wohl, daß es ihr Gebot übertreten und die Türe aufgeschlossen hatte. Da sprach sie noch einmal: „Hast du es gewiß nicht getan?", „Nein", sagte das Mädchen zum zweitenmal. Da erblickte sie den Finger, der von der Berührung des himmlischen Feuers golden geworden war, sah wohl, daß es gesündigt hatte, und sprach zum drittenmal: „Hast du es nicht getan?"

„Nein", sagte das Mädchen zum drittenmal. Da sprach die Jungfrau Maria: „Du hast mir nicht gehorcht und hast noch dazu gelogen, du bist nicht mehr würdig, im Himmel zu sein."

Da versank das Mädchen in einen tiefen Schlaf, und als es erwachte, lag es unten auf der Erde, mitten in einer Wildnis. Es wollte rufen, aber es konnte keinen Laut hervorbringen. Es sprang auf und wollte fortlaufen, aber wo es sich hinwendete, immer ward es von dichten Dornhecken zurückgehalten, die es nicht durchbrechen konnte. In der Einöde, in welche es eingeschlossen war, stand ein alter hohler Baum, das mußte seine Wohnung sein. Da kroch es hinein, wenn die Nacht kam, und schlief darin, und wenn es stürmte und regnete, fand es darin Schutz: aber es war ein jämmerliches Leben, und wenn es daran dachte, wie es im Himmel so schön gewesen war und die Engel mit ihm ge-spielt hatten, so weinte es bitterlich. Wurzeln und Waldbeeren waren sei-ne einzige Nahrung, die suchte es sich, soweit es kommen konnte. Im Herbst sammelte es die herabfallenden Nüsse und Blätter und trug sie in die Höhle, die Nüsse waren im Winter seine Speise, und wenn Schnee und Eis kam, so kroch es wie ein armes Tierchen in die Blätter, daß es nicht fror.

DIE JUNGFRAU MARIA NAHM DAS NEUGEBORENE KIND IHR AUS DEM ARM UND VERSCHWAND DAMIT IM HIMMEL.

Nicht lange, so zerrissen seine Kleider und fiel ein Stück nach dem andern vom Leib herab. Sobald die Sonne wieder warm schien, ging es heraus und setzte sich vor den Baum, und seine langen Haare bedeckten es von allen Seiten wie ein Mantel. So saß es ein Jahr nach dem andern und fühlte den Jammer und das Elend der Welt.

Einmal, als die Bäume wieder in frischem Grün standen, jagte der König des Landes in dem Wald und verfolgte ein Reh, und weil es in das Gebüsch geflohen war, das den Waldplatz einschloß, stieg er vom Pferd, riß das Gestrüppe auseinander und hieb sich mit dem Schwert einen Weg. Als er endlich hindurchgedrungen war, sah er unter dem Baum ein wunderschönes Mädchen sitzen, das saß da und war von seinem goldenen Haar bis zu den Fußzehen bedeckt. Er stand still und betrachtete es voll Erstaunen, dann redete er es an und sprach: „Wer bist du? Warum sitzest du hier in der Einöde?" Es gab aber keine Antwort, denn es konnte seinen Mund nicht auftun. Der König sprach weiter: „Willst du mit mir auf mein Schloß gehen?" Da nickte es nur ein wenig mit dem Kopf. Der König nahm es auf seinen Arm und trug es auf das Pferd und ritt mit ihm heim, und als es auf das königliche Schloß kam, ließ er ihm schöne Kleider anziehen und gab

ihm alles im Überfluß. Und ob es gleich nicht sprechen konnte, so war es doch schön und holdselig, daß er es von Herzen liebgewann, und es dauerte nicht lange, da vermählte er sich mit ihm.

Als etwa ein Jahr verflossen war, brachte die Königin einen Sohn zur Welt. Darauf in der Nacht, wo sie allein in ihrem Bette lag, erschien ihr die Jungfrau Maria und sprach: „Willst du die Wahrheit sagen und gestehen, daß du die verbotene Tür aufgeschlossen hast, so will ich deinen Mund öffnen und dir die Sprache wiedergeben: verharrst du aber in der Sünde und leugnest hartnäckig, so nehm ich dein neugeborenes Kind mit mir." Da war der Königin verliehen zu antworten, sie blieb aber verstockt und sprach: „Nein, ich habe die verbotene Tür nicht aufgemacht," und die Jungfrau Maria nahm das neugeborene Kind ihr aus den Armen und verschwand damit. Am andern Morgen, als das Kind nicht zu finden war, ging ein Gemurmel unter den Leuten, die Königin wäre eine Menschenfresserin und hätte ihr eigenes Kind umgebracht. Sie hörte alles und konnte nichts dagegen sagen, der König aber wollte es nicht glauben, weil er sie so lieb hatte.

Nach einem Jahr gebar die Königin wieder einen Sohn. In der Nacht trat auch

wieder die Jungfrau Maria zu ihr herein und sprach: „Willst du gestehen, daß du die verbotene Türe geöffnet hast, so will ich dir dein Kind wiedergeben und deine Zunge lösen: verharrst du aber in der Sünde und leugnest, so nehme ich auch dieses neugeborene mit mir." Da sprach die Königin wiederum: „Nein, ich habe die verbotene Tür nicht geöffnet," und die Jungfrau nahm ihr das Kind aus den Armen weg und mit sich in den Himmel. Am Morgen, als das Kind abermals verschwunden war, sagten die Leute ganz laut, die Königin hätte es verschlungen, und des Königs Räte verlangten, daß sie sollte gerichtet werden. Der König aber hatte sie so lieb, daß er es nicht glauben wollte, und befahl seinen Räten, bei Leibes- und Lebensstrafe nichts mehr darüber zu sprechen.

Im nächsten Jahr gebar die Königin ein schönes Töchterlein, da erschien ihr zum drittenmal nachts die Jungfrau Maria und sprach: „Folge mir." Sie nahm sie bei der Hand und führte sie in den Himmel und zeigte ihr da ihre beiden ältesten Kinder, die lachten sie an und spielten mit der Weltkugel. Als sich die Königin darüber freute, sprach die Jungfrau Maria: „Ist dein Herz noch nicht erweicht? Wenn du eingestehst, daß du die verbotene Tür geöffnet hast, so will ich dir deine beiden Söhnlein zurückgeben." Aber die Königin antwortete zum drittenmal: „Nein, ich

habe die verbotene Tür nicht geöffnet." Da ließ sie die Jungfrau wieder zur Erde herab-
sinken und nahm ihr auch das dritte Kind.

Am andern Morgen, als es ruchbar ward, riefen alle Leute laut: "Die Königin ist eine
Menschenfresserin, sie muß verurteilt werden," und der König konnte seine Räte
nicht mehr zurückweisen. Es ward ein Gericht über sie gehalten, und weil sie
nicht antworten und sich nicht verteidigen konnte, ward sie verurteilt, auf
dem Scheiterhaufen zu sterben. Das Holz wurde zusammengetragen, und als sie
an dem Pfahl festgebunden war und das Feuer ringsherum zu brennen anfing, da
schmolz das harte Eis ihres Stolzes, und ihr Herz ward von Reue bewegt, und sie
dachte: "Könnte ich nur noch vor meinem Tode gestehen, daß ich die Tür geöffnet habe" da kam ihr die Stimme, daß sie laut ausrief: "Ja, Maria, ich habe
es getan!" Und alsbald fing der Himmel an zu regnen und löschte die Feu-
erflammen, und über ihr brach ein Licht hervor, und die Jungfrau Maria kam
herab und hatte die beiden Söhnlein zu ihren Seiten und das neugeborene
Töchterlein auf dem Arm. Sie sprach freundlich zu ihr: "Wer seine Sünde be-
reut und eingesteht, dem ist sie vergeben," und reichte ihr die drei Kinder,
löste ihr die Zunge und gab ihr Glück für das ganze Leben.

Tiefenpsychologische Deutung

Der erste Eindruck dieser Erzählung trügt nicht: stünde die Geschichte vom «Marienkind» nicht in einer Sammlung von Märchen – man müßte sie eher für eine Legende denn für ein Märchen halten[1], so sehr drängt sich sein religiöses und ethisches Anliegen in den Vordergrund. «Weh dem, der lügt» – so möchte man mit Grillparzers Drama[2] seine «Moral» wiedergeben, die bis ins Göttliche hinein überhöht ist: nicht nur die eigenen Eltern, die Mutter Gottes selbst straft Kinder, wenn sie nicht gehorsam sind und nicht die Wahrheit sagen. Ein Märchen, wie geschaffen, möchte man meinen, zur Einschüchterung gegenüber der elterlichen Autorität[3]: schon der kleinste Frevel wird grausam und auf Jahre hin geahndet, und nur die endgültige Kapitulation bewahrt vor dem Untergang; die himmlischen Mächte aber wissen alles, es hilft keine Lüge; und wer nicht gar als Hexe enden will, der unterwerfe sich bei Zeiten.

Indessen, so ängstigend die Wirkung dieser Erzählung auf Kinder auch sein mag, die intelligenteren unter ihnen werden eine Reihe von Fragen nicht unterdrücken können: wie kann man in den Himmel zur Mutter Gottes gelangen, ohne vorher gestorben zu sein?

Wieso ist es verboten, im Himmel, der doch nach der Meinung des Pfarrers gerade in der seligen Anschauung Gottes besteht[4], die Gottheit anzuschauen? Wieso verfährt die Mutter Gottes derart streng mit einem kleinen Kind und seinem kleinen bißchen Neugier? Und wieso brennt sie selbst so neugierig darauf, dem Mädchen trotz allem das Geheimnis seiner «Sünde» zu entreißen? Wie ist es schließlich überhaupt möglich, im «Himmel» zu sündigen und noch einmal von dort auf die Erde verbannt zu werden? Vor allem jedoch: warum läßt die Mutter Gottes nicht wenigstens nach ihrer furchtbaren Strafe das arme Mädchen in Ruhe? Warum muß sie der endlich auf Erden glücklich Gewordenen nachts wie eine gemeine Diebin auch noch die Kinder rauben und kann offenbar nicht eher Ruhe geben, als bis ihr Opfer unter Schmerz und Todesangst die Wahrheit eingesteht? Aber auch umgekehrt: wieso sagt das «Marienkind» seine Wahrheit nicht viel eher? Man kann seine Lüge im Himmel verstehen, aber was muß das für eine Wahrheit sein, die man nicht einmal einzugestehen wagt, wenn man infolge der Unwahrheit alles verliert, woran man sein Herz hängt?

Fragen über Fragen, die gleich am Anfang nur eines zeigen: man hat es in der Geschichte vom «Marienkind» mit stark legendenhaften, «erzieherisch» pointierten, christlich-katholischen Übermalungen von Motiven zu tun, die in ihrer geheimnisvollen Widersprüchlichkeit und Rätselhaftigkeit, in ihrer ambivalenten Mischung aus Grausamkeit und Güte, aus Angst und Vertrauen, aus Glück und Unglück, aus Wahrhaftigkeit und Verlogenheit ein emotionales Kolorit bilden, wie es für Legenden völlig untypisch, für Märchen hingegen geradezu charakteristisch ist. Alle im engeren Sinne «religiösen» Inhalte des Märchen vom «Marienkind» sind daher als sekundär zu betrachten, und tatsächlich gibt es Varianten der Erzählung, in denen statt von der «Mutter Gottes» von einer wunderschönen schwarzen Jungfrau die Rede ist, die ein junges Mädchen nicht gerade in den «Himmel», immerhin aber in ihr Schloß entführt und hinter deren verbotener 13. Tür statt der Dreifaltigkeit Gottes sich «nur» eine Vierheit von Frauen befindet[5].

Für die Auslegung der Erzählung vom «Marienkind» ergibt sich aus diesen Beobachtungen zweierlei: auf der einen

Seite wird man den Mut aufbringen müssen, selbst das Sprechen von Himmel, Gottesmutter und Dreifaltigkeit in diesem Märchen rein psychologisch zu interpretieren. Es mag sein, daß dieses Vorgehen manch einem Leser zunächst als fremdartig, pietätlos oder zu «psychologistisch» anmuten wird; aber ob ein Text wirklich religiös ist oder nicht, zeigt sich ja nicht daran, wie viele religiöse Vokabeln er verwendet, sondern wie die menschliche Wirklichkeit beschaffen ist, von der er spricht; diese menschliche Wirklichkeit muß man zunächst einmal psychologisch zu beschreiben versuchen; dann aber hat, wie bei jeder tiefenpsychologischen Märchendeutung, auch hier die Regel zu gelten, daß alle in der Erzählung auftretenden Gestalten, gleich ob im Himmel, auf der Erde oder unter der Erde, ob göttlich, menschlich oder tierhaft, als Symbole einer innerpsychischen Wirklichkeit aufzufassen sind; die religiösen Elemente des Märchens müssen mithin auf seelische Inhalte zurückgeführt werden.

Auf der anderen Seite würde man nicht das Märchen vom «Marienkind» interpretieren, wenn man nicht gerade seine legendären Züge eigens würdigen wollte. Auf Schritt und Tritt wird man sich daher die Frage vorlegen müssen, was für einen – freilich rein psychologischen – Sinn es haben mag, wenn in der Erzählung bestimmte psychische Gegebenheiten durchgehend in die Sprache der Religion überhöht werden. M. a. W.: man hat beim Märchen vom «Marienkind» sowohl die Gelegenheit als auch die Pflicht, diejenige Eigenart von Religiosität und Frömmigkeit zu untersuchen, die sich in eben den legendären Ausformungen des Märchens widerspiegelt – eine religionspsychologisch außerordentlich lohnende Aufgabe; und man hat die Art von Psychologie zu untersuchen, die eine derartige religiöse Überhöhung schafft.

Dabei darf freilich nicht vergessen werden, was das Märchen vom «Marienkind» eigentlich erzählt. Wie bei vielen anderen Märchen handelt es sich in der Erzählung um die Entwicklungsgeschichte einer Frau von ihren Kindertagen bis zur Ehe; aber, anders als zumeist, bleibt dieses Märchen nicht bei dem glückseligen Abschluß der Hochzeit stehen, sondern es berichtet gerade von den Schwierigkeiten, die sich aufgrund einer bestimmten Jugend in der Ehe später notwendig ergeben müssen. Eben die weiträumige Geschlossenheit dieser Erzählung, die Kindheit und Erwachsenenalter gleichermaßen umfaßt, läßt die Beschäftigung mit dem Märchen vom «Marienkind» menschlich als besonders wertvoll erscheinen. Man mag beim heutigen Stand der Pädagogik berechtigte Zweifel haben, ob man eine Geschichte wie diese *Kindern* vorlesen sollte; *Erwachsene* sollten sie lesen, denn um die Hintergründe ihrer Konflikte, wie sie besonders im Umkreis eines stark religiös geprägten Milieus von den ersten Eindrücken der Kindheit her entstehen und sich bis in die Ehe hinein fortsetzen können, ist es diesem Märchen am meisten zu tun. Seine Hauptfrage aber gilt dem Problem, wie es möglich ist, ein Leben der Verlogenheit zu beenden und ein vollendetes Getto religiöser Angst zu mehr Wahrhaftigkeit zu öffnen.

Der arme Vater und die Mutter Gottes

Um den zentralen Konflikt im Leben des «Marienkindes» zu verstehen, muß man das Augenmerk vor allem auf die «Einleitung» des Märchens richten, die von der Armut und Armseligkeit erzählt, unter der das «Marienkind» die ersten drei Jahre seines Lebens verbringt. Das Märchen trifft diese Mitteilungen ohne Kommentar; wir aber müssen uns fragen, was es für ein Kind bedeutet, Eltern zu haben, die «arm» sind.

Für unser Erleben heute ist die Vorstellung von Armut meist zu etwas Relativem, rein Soziologischem geworden: arm ist, wer weniger besitzt als der Durchschnitt der Gesellschaft. Die Armut hingegen, von der die Märchen erzählen, ist absolut: sie kann so schlimm sein, daß Eltern nicht mehr wissen, wie sie ihre Kinder ernähren sollen, und unter dem Druck einer solchen Armut ist der tragische Konflikt fast unvermeidbar, daß selbst die liebsten Kinder ihren Eltern zu viel werden. Nicht wenige Märchen erzählen davon, daß Eltern in ihrer Not sich nicht anders zu helfen wissen, als ihre Kinder fortzujagen, sie im Wald auszusetzen oder sie gar zu schlachten und als kannibalische Speise zu verzehren. Andere Eltern wiederum nehmen auf Kosten ihrer Kinder zu einem Pakt mit dem Teufel ihre Zuflucht und opfern, ohne es zu wissen, wie unter einem bösen Fluch, das ihnen Teuerste dem Bösen[6]. All diese Varianten zeigen, wie Kinder die Armut ihrer Eltern erleben können, und daß nicht so sehr die materielle Not selbst als vielmehr die seelische Einstellung der Eltern dazu für das Selbstgefühl der Kinder letztendlich ausschlaggebend ist.

Gewiß gibt es kein schrecklicheres Gefühl für ein Kind als das Empfinden, seinen Eltern bereits durch sein bloßes Dasein lästig zu sein, denn es bedeutet, im Grunde unberechtigt auf der Welt zu sein, und je mehr die Eltern sich aus Liebe, Verantwortungsgefühl oder Ehrgeiz Mühe geben, die objektive Notlage zu überbrücken, desto mehr kann dieses Gefühl unter Umständen sogar erst recht dramatische Formen annehmen. Das Märchen vom «Marienkind» stellt, schon dem Titel nach, kein einzelnes individuelles Schicksal dar[7], es beschreibt vielmehr einen bestimmten seelischen Typus, einen bestimmten Charakter, und ließe man einmal Frauen sprechen, auf die die Beschreibung des «Marienkindes» zutrifft, so hätten sie gewiß alle am Anfang ihres Lebens von schweren äußeren oder inneren Notlagen zu sprechen, wie das Märchen vom «Marienkind» sie voraussetzt. Viele müßten erzählen von der Zeit der Bombenangriffe, der Evakuierungen, der Flüchtlingstrecks, der Hungersnot, der Demontage – Millionen Frauen in Deutschland haben als Kinder dieses Schicksal durchlitten. Andere müßten erzählen von der Zeit der Währungsreform, des Wiederaufbaus, des Einsatzes aller Kräfte für das, was später das «Wirtschaftswunder» hieß. Andere hätten, nur scheinbar weniger grausam, davon zu erzählen, wie ihr Vater durch Unfall oder Krankheit seine Stellung verlor, wie er als Kriegsinvalide zurückkehrte oder wie einfach ein Supermarkt das einst blühende Einzelhandelsgeschäft der Eltern ruinierte. Andere müßten schildern, wie eine seelische Erkrankung des Vaters oder der Mutter (Alkoholismus, Depressionen, Herzphobien, Paranoia, Nervosität oder dgl.) jeden Freiraum einengte. Und alle müßten sie davon berichten, wie im Schatten derartiger äußerer und innerer Entbehrungen sie vor allem psychisch zu einem unerträglichen Maß an Rücksichtnahme auf die Notlage ihrer Eltern gedrängt wurden.

Es ist der normale Wunsch eines Mädchens, sich ein Püppchen zum Geburtstag oder einen neuen Ball zu Weihnachten zu wünschen. Wenn aber die Eltern kein Geld haben, stehen gerade die wohlmeinenden unter ihnen in der Gefahr, den bloßen Wunsch ihres Kindes wie einen Vorwurf zu empfinden: indem sie die Bitte des Kindes eigentlich als gerechtfertigt anerkennen, leiden sie darunter, ihr nicht entsprechen zu können; sie selbst bekommen Schuldgefühle, als Eltern versagt zu haben, weil sie ihrem Kind etwas so Natürliches versagen müssen wie ein Püppchen oder einen Ball, und womöglich staut sich dieser Widerspruch von Liebe und Selbstvorwurf so stark, daß sie zornig ihrerseits dem Kind Vorwürfe machen, solche Wünsche überhaupt auch nur zu haben, geschweige denn zu äußern. In jedem Fall erlebt das Kind, daß es seinen Eltern bereits mit seinen ganz gewöhnlichen Wünschen zur Last und Zumutung wird; unvermeidlich rückt der bloße Umstand, auf der Welt zu sein, unter diesen Umständen mehr und mehr in die Zone des Unerwünschten, allenfalls Geduldeten, im Grunde deutlich Überflüssigen und Überzähligen. Auch die Bemerkung, daß das «Marienkind» das einzige Kind seiner Eltern ist, kann unter Umständen diesen Eindruck verstärken: noch vor einem Jahrhundert war ein Einzelkind etwas sehr Seltenes, und es könnte sein, daß von vornherein die Eltern des «Marienkindes» glaubten, aus Not nur ein Kind haben zu dürfen; aber selbst ein solches einzelnes Kind muß sich dann fühlen wie das zweite oder dritte Kind einer indischen Familie heute, an deren Hauswand geschrieben steht: «Zwei Kinder sind genug», oder: «(Nur) kleine Familien sind gute Familien»: es muß versuchen, die eigenen Wünsche so weit als möglich zu unterdrücken und sich dafür um so strenger nach den Erwartungen der Eltern zu richten. Die Armut der äußeren Verhältnisse wird damit zur Armseligkeit des eigenen Ich und als solche verinnerlicht; und wenn es fortan noch eine Chance geben soll, die verlorene Selbstachtung zurückzugewinnen, so nur, indem man sich über die Maßen um die Wertschätzung der Eltern bemüht: statt den Eltern lästig zu sein, muß man versuchen, ihnen durch Fleiß und Entgegenkommen nützlich zu werden; statt ihnen als unerwünscht zu erscheinen, muß man versuchen, ihnen durch Willfährigkeit und Gehorsam Freude zu bereiten, und um nicht in die Gefahr zu kommen, als schlechthin unerwünscht zu gelten, muß man die Wünsche der Eltern, so prompt es geht, vorwegzuerfüllen suchen. Aus lauter Angst vor Ablehnung und Mißachtung entsteht so die Grundhaltung des «guten», «braven» und «lieben» Kindes, das mit seinen großen, geweiteten Augen und seinem kleinen, etwas zusammengepreßten Mund schon rein äußerlich der Darstellung mancher Heiligenbilder gleicht, auf denen ein solcher Gesichtsausdruck geradezu als die ideale Verkörperung von Rechtschaffenheit und Sittsamkeit zu gelten scheint.

Tatsächlich formen sich unter den Entbehrungen bereits der ersten Lebensjahre gerade diejenigen Einstellungen, die ein späteres «Marienkind» auch in seiner religiösen Haltung auszeichnen. Kein Kind wird auf seine eigenen Wünsche ohne schwere Depressionen verzichten können, wenn es nicht trotz allem auf eine gewisse Belohnung hoffen darf. Je aussichtsloser es sein kann, auf Erden Wertschätzung und Beachtung zu erringen, desto inniger mag ein solches Kind sich damit trösten, daß ihm wenigstens im Himmel für sein Wohlverhalten, seine Selbsteinschränkungen und seine ständigen unbemerkten Opfer ein gerechter Ausgleich zuteil werde. Das Bild der Eltern verdoppelt sich auf diese Weise im Erleben des Kindes in ein Bild irdischer Entbehrung und in ein Bild himmlischer Beloh-

nung, und wir begreifen an dieser Stelle zum erstenmal, daß die religiösen «Überhöhungen» im Märchen des «Marienkindes» nicht einfach als äußere legendäre Übermalungen oder Verfremdungen zu verstehen sind, sondern sich aus dem inneren Erleben der «Marienkinder» im Umkreis schwerer Lebensbeeinträchtigungen wie von selbst ergeben können und müssen. Indem die eigene Selbstachtung auf Gedeih und Verderb an die Übereinstimmung mit den eigenen Eltern gebunden wird, umkleidet die Eltern fortan eine göttliche Aura: jederzeit sind sie imstande, durch ihre Zustimmung oder Zurückweisung das Kind in den Himmel oder in die Hölle zu stoßen, und es sind vor allem die ganz normalen, ganz alltäglichen Reaktionen, an denen dieser ungeheure Pendelschlag zwischen Sein und Nichtsein, zwischen paradiesischem Glück und ewigem Inferno sich einschwingt. Eine bloße Handbewegung der Mutter, die Art ihres Tonfalls, das Schlagen einer Tür, irgendeine pädagogische Phrase – und der Boden bebt unter den Füßen eines so verängstigten «Marienkindes». «Ich habe einmal zu meiner Mutter gesagt», erinnert sich eine heute 40jährige Frau, «‹der Ball gehört doch mir›, da hat sie ganz energisch zu mir gesagt: ‹Dir gehört nicht einmal das Schwarze unterm Nagel›, und sie hat dabei mit den Fingern geknipst; ‹wenn Du die Augen zumachst, was Du dann siehst, das gehört Dir›. Ich hätte in diesem Moment endlos weinen können, denn es war, als wenn mir alles genommen wurde: meine ‹Bärbel› (die Lieblingspuppe), der

‹Zotti› (der kleine Teddybär), meine zehn Murmeln, und ich wußte, daß ich nie wieder etwas bekommen würde.» Es hilft nicht viel, sich 35 Jahre später zu sagen, daß Mutter ihren Ausspruch so ernst gar nicht gemeint, sondern nur gesagt hat, was man seinerzeit ganz allgemein zu sagen pflegte – im Umkreis der angstdurchtönten Verunsicherung des Rechts zum Dasein überhaupt wirken solche Sätze wie endgültige Bestätigungen dessen, was man eigentlich schon immer wußte: es wäre besser, wenn man nie geboren wäre, und man ist schuldig einfach dadurch, daß man auf der Welt ist.

Wirklich tödlich wirkt die äußere (bzw. innere) Armut der Eltern tatsächlich erst durch diese Verinnerlichung der Angst vor dem jederzeit möglichen «Verstoßen-» oder «Aufgefressenwerden». Eltern, die so erlebt werden, sind wie Herrgötter, wie absolute Daseinsmächte, und um mit ihnen leben zu können, bedarf es göttlicher Gegenkräfte, die ihren Einfluß neutralisieren helfen. Was Wunder also, daß Kinder, die in einer solchen Umgebung heranwachsen, immer wieder vom Himmel träumen, um die Erde zu vergessen, daß sie an die Mutter Gottes und den himmlischen Vater denken, um sich über die alltägliche Strenge der irdischen Mutter und des irdischen Vaters hinwegzutrösten, und daß sie ständig eine Gegenwelt in der Vorstellung brauchen, um die Unerträglichkeit der realen Erfahrung nicht als endgültig setzen zu müssen? Psychoanalytisch mag man zur Deutung einer solchen seelischen Einstellung von oraler Gehemmtheit, von starker Identifikation mit den Eltern, von einer entsprechenden Introjektion der Elternimagines und von kompensatorischen Wunschphantasien sprechen, aber man beschreibt mit solchen Begriffen lediglich von außen, was die Bilder des Märchens vom «Marienkind» gerade von innen her mitzuempfinden und einzusehen lehren: wie sehr Menschen der Idee Gottes bedürfen, um inmitten der ganz «normalen» Zumutungen der Welt die Kraft zum Leben zu gewinnen. Nur wenn sich über diese Welt des Leids ein Himmel wölbt, zu dem man wie zu seiner eigentlichen Heimat aufschauen kann, ist dieses Dasein auszuhalten. Ohne eine solche legendenhafte Verklärung des Daseins ist menschliches Leben wohl insgesamt nicht möglich, sobald es die Grenzen tierhafter Wohlversorgtheit verläßt.

Freilich gilt es zu beachten, daß die tröstliche Wahrheit des Religiösen im Leben des «Marienkindes» durch den Faktor der Angst von Anfang an höchst ambivalent wirkt. Vermutlich ist bei der Lektüre dieses Exposés bei manchem Leser bereits die Frage laut geworden, ob der einfache Hinweis des Märchens auf die «Armut» der Eltern nicht an sich alle möglichen, auch ganz andere Begründungen und Bearbeitungsversuche zulasse, weit abweichend von dem, was wir bisher erörtert haben. In der Tat lassen sich 1001 Gründe nennen, die eine Familie finanziell und psychisch in Existenznot bringen können, und gewiß wird es ebenso viele Möglichkeiten geben, auf Armut zu reagieren. Uns aber

ist es anhand des vorliegenden Märchens darum zu tun, den «Typus» des «Marienkindes» tiefenpsychologisch zu verstehen, und dabei gilt es, die «Armut» und «Religiösität» des «Marienkindes» in einer wesenhaften Erlebniseinheit zu sehen, wie sie in der vorwiegend oral-depressiv getönten Grundstimmung des Märchens zum Ausdruck kommt. Nur im Umkreis dieser Struktur wird man im Fortgang der Erzählung die weiteren Charaktermerkmale, Verhaltensweisen und Schwierigkeiten des «Marienkindes» als in sich zusammengehörig verstehen können und auch die Ambivalenz des Religiösen in diesem Märchen begreifen. Denn auf der einen Seite vermag die religiöse Überhöhung der Eltern dem heranwachsenden Kind den auf Erden so sehr vermißten Schutz und Halt zu geben, auf der anderen Seite aber verhindert sie jede Art von aktiver und eigenständiger Auseinandersetzung mit den Schwierigkeiten des Lebens. Die Resignation gegenüber den eigenen Ansprüchen an das Leben geht im Märchen vom «Marienkind» so weit, in jedem Konfliktfall auf eine «magische» Hilfe des Himmels zu hoffen; der «Glaube» gerät auf diese Weise sehr in die Gefahr, breite Passivitäts- und «Bequemlichkeitshaltungen» festzuschreiben und die kindliche Abhängigkeit und Auslieferung an den Elternwillen ideologisch zu verfestigen; tatsächlich zeigt das «Marienkind» im ganzen weiteren Leben sich außerstande, irgend etwas von sich selbst her zu tun oder zu planen, und das einzige, was es selber tun wird, trägt augenblicklich

das Merkmal einer offenbar unverzeihbaren Sünde an sich.

In gewissem Sinne darf man neben dieser resignativen Passivität auch einen ausgesprochen «narzißtischen» Zug im Charakter des «Marienkindes» nicht übersehen. Jeder, der in einem Klima der Angst und der Not aufwächst, wird die Umgebung unablässig daraufhin befragen, ob sie es noch erlaubt, daß man lebt, oder nicht; an die Stelle einer ruhigen Wechselseitigkeit im Umgang miteinander muß daher die Haltung einer dauernden egozentrischen Selbstbewahrung treten. «Hat mich der andere lieb – das heißt: läßt er es zu, daß ich bei ihm lebe?» oder: «Verstößt mich der andere und wirft mich in den Tod» –, das sind die Fragen, die ständig, bei jedem Kontakt, in jedem Gespräch, in jedem Spiel, an der Person des anderen nach einer Antwort suchen. Hinzu kommt die Tatsache, daß das «Marienkind» *allein* bei seinen Eltern aufwächst. Selbst wenn man seiner Rolle als Einzelkind äußerlich keine allzu große Bedeutung beimißt, so ist es doch als sicher anzunehmen, daß seelisch das «Marienkind» sich als vollkommen «vereinzelt» in der Welt seiner Eltern empfindet. Seine Welt besteht ausschließlich in der Beziehung zu seinen Eltern; neben seinen Eltern existiert nichts sonst, und wollte man ein oberstes Gebot für den Umgang mit seinen absolut gesetzten Eltern formulieren, so müßte es wohl lauten: «1. Du sollst keine fremden Götter neben mir haben.» So wie das Mädchen ständig nach der uneingeschränkten Liebe seiner Eltern sucht, so vereinigen auch diese, ob sie es wollen oder nicht, im Felde der Angst alle psychische Energie des Kindes auf sich selbst. Jede andere Beziehung verflüchtigt sich neben der einen einzigen und alles entscheidenden Frage: sind Vater und Mutter noch bereit, ihr Kind leben zu lassen oder nicht?

Jedoch im Alter von drei Jahren, erzählt das Märchen, tritt für das «Marienkind» eine Änderung ein, die nicht nur sein Verhältnis zu den Eltern, sondern seine gesamte weitere Entwicklung nachhaltig bestimmen wird: der Vater übergibt seine Tochter der «Jungfrau Maria». Ein Kenner der Märchen mag an dieser Stelle aufatmen – Gott sei Dank erwartet den armen Vater im Walde nicht, wie sonst üblich, der Teufel, eine Hexe oder sonst ein dämonisches Wesen[8]. Wer aber etwas von den psychischen Zusammenhängen in Märchen versteht, muß sich bei dieser Nachricht sehr beklommen fühlen; denn endgültig ergreift von dem «Marienkind» jetzt eine Macht Besitz, die, so gut zu meinen sie auch vorgibt, durchaus unheimliche, göttlich-dämonische Züge trägt: Erst von diesem Augenblick an wird das Mädchen zu einem eigentlichen «Marienkind»; erst hier beginnt die religiöse Überhöhung aller Lebensvorgänge sich auszuwirken, und alles, was in den ersten drei Lebensjahren bisher angelegt und vorbereitet war, mündet jetzt ein in den einen entscheidenen Vorgang: daß der Vater seine Tochter der geheimnisvollen «Muttergottes» anvertraut. Wer diese geheimnisvolle Frau ist, die das Leben des Mädchens mit einem Schlag von seiner

irdischen Notdurft befreit und es hinüberführt in eine ganze andere himmlische Welt, das ist die erste entscheidende Frage.

Man mag an äußeren Umständen erneut sich ausdenken, was irgend passend scheint, um den Wechsel im Leben des «Marienkindes» von der «Vaterwelt» zur «Mutterwelt» glaubhaft zu machen. «Als ich etwa dreieinhalb Jahre alt war», müßte manch eine Frau, die der Psychologie des «Marienkindes» nahesteht, mit Rückblick auf diese Zeit sagen, «da wurde ich von meinen Eltern der Großmutter anvertraut, einer sehr lieben Frau, die alles nur Erdenkliche für mich tat.» Oder: «Von einem bestimmten Zeitpunkt an habe ich meinen Vater (fast) gar nicht mehr gesehen; er muß damals einen neuen Beruf angefangen haben, der ihn räumlich und zeitlich von der Familie immer weiter entfernte, der aber finanziell sehr einträglich war. Ich lebte fortan fast nur mit meiner Mutter zusammen, und es war eine außerordentlich unbeschwerte, schöne Zeit.» Oder: «Damals haben meine Eltern mich in ein Kinderheim getan, das von Ordensschwestern geleitet wurde, die sehr gut zu mir waren.» – Was auch immer man sich an äußeren Details im Hintergrund der «Mutter Gottes» vorstellt, wichtig ist allein, daß das Märchen die Änderung der Lebensverhältnisse des «Marienkindes» wesentlich als einen quasi religiösen, in jedem Falle inneren Vorgang darstellt, durch den die Mutter des Kindes durch die «Mutter Gottes» ersetzt wird.

Im Grunde bedarf es daher eigentlich gar keiner *äußeren* Anlässe und Umstände, um das Auftreten und die Gestalt der «Mutter Gottes» zu verstehen; es genügt, daß die Gestalt der Mutter in der Sicht des Kindes sich in eine buchstäblich mythische Person verwandelt bzw. daß die bisher gehegte Wunschwelt sich auf das engste mit der Gestalt der irdischen Mutter verbindet; und dazu gehört, daß der Vater sich (mehr oder weniger) freiwillig aus dem Gesichtsfeld des Kindes zurückzieht und die Mutter eine absolute Macht über ihr Kind erhält. Man braucht sich z. B. nur eine Mutter vorzustellen, die, selber zu Depressionen neigend, es herzensgut mit ihrer Tochter meint, aber mit ihrer eigenen Lebensangst, mit ihren Selbstmordphantasien, mit ihren Herzattakken oder ihren Asthmaanfällen die ständige Aufmerksamkeit des Kindes beansprucht: ständig muß ein solches Kind seiner Mutter durch Liebe und Aufmerksamkeit ein Motiv schaffen, weiterzuleben; es muß sich selber opfern für das Leben der Mutter; aber zugleich wird es unter Umständen erfahren, daß es wirklich von der Mutter als ein opferbereites, gutes Kind geliebt wird und seelisch eine Art «Himmel auf Erden» als Gegenleistung empfängt. In jedem Falle beansprucht die Mutter die ganze Zuwendung ihrer Tochter – der Vater spielt seelisch keine Rolle mehr. Erst von daher versteht man, daß der Mann, als er im Wald der «Mutter Gottes» begegnet, mit seiner Frau kein Wort über sein Abkommen zu verlieren braucht: die Mutter Maria ist im Grunde keine andere Person als die ursprüngliche Mutter des Kindes, nur fortan in einer absoluten und ausschließlichen Dominanz über die Tochter.

Auf Jahre hin wird das Leben des «Marienkindes» psychologisch jetzt von dieser Einheit mit seiner Mutter bestimmt werden. Der Vater existiert gewissermaßen nur noch in seiner Erinnerung bzw. in der bleibenden Rolle des «armen Vaters», und je mehr das Ansehen der Mutter sich zu überirdischer Größe verklärt, als desto ärmer und geringer wird das Bild des Vaters im Bewußtsein des Mädchens ausfallen. Welch ein Mann vermag schon an der Seite einer «Gottesmutter» zu bestehen? Alle Schönheit, aller Adel, alle Macht und Weisheit umhüllt künftig nur sie, und man braucht sich nur konsequent genug ihr anzupassen und zu unterwerfen, so wird man selber eine unvergleichliche Ausnahmestellung bekleiden können, ganz so, als wäre man selber eine Art «Christuskind», eine ganz und gar einmalige Erscheinung in und aus einer anderen Welt. Immer aber hängt dieser unerhörte Vorzug an der zentralen Bedingung, daß man mit der «Mutter Gottes» völlig übereinstimmt. Der Vater mag ein armer Wicht, ein kranker und unfähiger Patron, ein «Holzhacker» in bedrohlichem wie in verächtlichem Sinne sein – an der Seite der «Gottesmutter» wird (für das «Marienkind») ein neues Leben beginnen, das durchtränkt ist von Glück und Überfluß, von innerer und äußerer Verwöhnung und von einer absoluten Hochachtung der «Gottesmutter».

Das Paradies der «Mutter Gottes» und sein Preis

Dieser Aufstieg der Mutter zur Madonna ist um so erstaunlicher, als mit etwa vier Jahren ein Mädchen sich für gewöhnlich von seiner Mutter abzuwenden beginnt, um seine Gunst desto reicher an seinen Vater zu verschenken. Ein Mädchen, das derart an seine Mutter gebunden bleibt, wie das «Marienkind», wird entweder zu viel Angst oder Verachtung für seinen Vater empfinden, um ihn lieben zu können, oder die für den weiblichen Ödipuskomplex notwendige Enttäuschung an der Mutter ist nicht nachhaltig genug gewesen, um sich von der Mutter weg dem Vater zuzuwenden. Von einer besonderen Angst oder Verachtung des «Marienkindes» gegenüber seinem Vater hören wir indes in dem Märchen kein Wort, es sei denn, daß man die Berufsangabe des Vaters als eines «Holzhackers» symbolisch nehmen wollte – tatsächlich gibt es Varianten des Märchens, die von einer Vergewaltigung des «Marienkindes» durch den Vater sprechen.

Um so mehr aber dürfen wir annehmen, daß die Bindung des «Marienkindes» an seine Mutter aus Angst wie aus Zuneigung von vornherein so stark ist, daß sie von Anfang an keine Loslösung erlaubt. Tatsächlich ist diese Annahme nicht unwahrscheinlich, wenn man bedenkt, daß Not und Entbehrung in Kindertagen die Gefühle der Abhängigkeit und der Anhänglichkeit gegenüber der Mutter von Geburt an übergroß anwachsen zu lassen pflegt. Immer ist es ja zunächst die Mutter, bei der ein Kind in seiner Angst Zuflucht suchen wird, während die Belastungen vor allem der wirtschaftlichen Not den Vater eher von seiner Familie entfernen, als ihn mit ihr zu verbinden; selbst wenn ein gewisser beruflicher Erfolg später die Situation der Angehörigen entscheidend verbessern sollte, kann es immer noch geschehen, daß der Vater seelisch unverändert wie fremd oder wie nicht vorhanden empfunden wird. Zu dieser untergeordneten Rolle des Vaters paßt im übrigen auch die Variante einer schwedischen Fassung des «Marienkind»-Märchens, in der das Mädchen von einem «Graumantel» entführt wird, den es zuerst im Traum und sehr viel später auch in der Realität als verzauberten König zu erkennen vermag[9] – ein Konflikt offenbar, in dem sich die dunklen Züge des Vaters verdichten.

Das zentrale Problem des «Marienkindes» aber stellt seine Mutter dar, indem die orale Angstbindung der frühen Kindheit jetzt in die extreme *orale Verwöhnung* übergeht, mit der die «Madonna» im «Himmel» das «Marienkind» umgibt. Während der «Holzhacker»-Vater sein Kind endgültig in die Hände der (Großen) Mutter legt, richtet diese ihm ein Leben ein, das sogar die Wonnen der Säuglingszeit bei weitem übertrifft – ein Land buchstäblich, wo (süße!) Milch und Honig fließen. Eine Zeitlang möchte man vielleicht denken, es handle sich hier, wie in anderen Märchen, lediglich um eine kompensatorische Ersatzphantasie des «Marienkindes», das sich über die Traurigkeit seiner

Lage hinwegtrösten wolle; aber die «Mutter des Christuskindes» scheint wirklich die Macht zu haben, in ihrer Nähe ein äußerstes Maß verwöhnenden Glücks zu bieten, und gerade auf diesem Umstand wird sich ihre übermenschliche Macht als «Madonna» gründen.

Um ein solches Gefühl schon rein äußerlich zu verstehen, genügt es, sich auszumalen, was z. B. in der Zeit des sogenannten «Wirtschaftswunders» Millionen Kinder in der Bundesrepublik Deutschland erfahren konnten: daß nach einer langen Zeit oraler Entbehrungen plötzlich eine Zeit des Überflusses und der Maßlosigkeit anhebt, in der alles nur erdenklich Schöne mit einem gewaltigen Nachholbedürfnis gekauft und konsumiert wird. Mütterliche Liebe – das heißt jetzt wesentlich, so viel an Nahrung und Kleidung zu besorgen, wie es irgend geht; und ein Kind, das selber schon sehr früh unter Not und Mangel zu leiden hatte, wird mit Sicherheit sich als ein besonders dankbarer Empfänger solcher Gaben erweisen. Seine strahlenden Augen beim Erhalt eines Geschenkes werden die Mutter für alle Mühen belohnen und womöglich zu noch größeren Anstrengungen ermuntern, während umgekehrt es selber sich scheinbar problemlos in die Erwartungen und Hoffnungen seiner Mutter fügen wird. Keiner von beiden kann unter diesen Umständen merken, daß das «Marienkind» seine ängstliche Passivität vom Anfang seines Lebens unverändert beibehält: es selber ist voll Freude über den unverhofften Gnadensegen, und die «Madonna» genießt den unter-

tänigen Gehorsam und die prompte Pünktlichkeit ihrer Tochter. Unbemerkt von beiden besteht unter der Decke des glücklichsten Arrangements die alte orale Gehemmtheit des Mädchens uneingeschränkt fort, wenngleich nur ein genauer Beobachter der Wahrheit auf die Spur zu kommen vermöchte. Ein solcher freilich müßte unfehlbar merken, daß etwa die Fröhlichkeit und Umgänglichkeit des Kindes im Kreis seiner «engelgleichen» Gespielinnen stets ein gewisses überdimensioniertes und reflexhaft zuvorkommendes Moment besitzt: kaum daß ein anderer begegnet, sucht ein besonders freundliches Lächeln seine Gutmütigkeit zu erhalten; kaum äußert ein anderer einen Wunsch, setzt augenblicklich das Bemühen ein, ihn zu erfüllen; kaum weicht ein anderer mit seinen Interessen vom eigenen Standpunkt ab, beginnt auch schon die Bereitschaft, ihm Recht zu geben. In allem wird deutlich, daß in dem Verhalten eines solchen «Marienkindes» nicht nur Menschenfreundlichkeit und Anpassungsfähigkeit am Werke sind, sondern stets eine abgründige Angst sich äußert, für die geringsten Abweichungen als ungeliebt, überflüssig und hinderlich verstoßen zu werden. Nach außen hin mag das «Marienkind» wie ein rechter «Sonnenschein» seiner Mutter wirken, und womöglich wird schon sein Anblick bei allen, die es sehen, ein Gefühl von Glück und Freude hinterlassen; aber die tiefere Wahrheit seines Erlebens besteht in einer ständigen Angst, für sich allein ein Nichts zu sein und jederzeit aus der Gunst der anderen her-

aus ins Nichts fallen zu können. Das «Marienkind» ist in diesem Sinne nicht nur der Name eines charakterlichen Typs, sein Name bezeichnet vor allem eine Lebensform, in der ein Mensch durchaus keine eigene Persönlichkeit entwicklen darf, sondern in der er bedingunglos zu tun, zu sagen und zu denken hat, was sein mütterliches (oder väterliches) Vorbild verkörpert und ihm abverlangt[10].

Nur durch diese unbewußte Abhängigkeit von der Mutter wird es verständlich, daß das Märchen vom «Marienkind» den außerordentlich großen Zeitraum in der Entwicklung des Mädchens bis zu seinem 14. Lebensjahr ganz pauschal in einem einzigen großen Block zusammenfassen kann. Fragt man ein «Marienkind» Jahre später, wie es gelebt hat, so wird man erstaunt sein zu hören, daß selbst Personen mit einer recht hohen Intelligenz vorgeben, an ihre Kindheit keinerlei Erinnerung mehr zu besitzen. Bei vorwiegend zwangsneurotischen Persönlichkeiten begegnet man diesem Phänomen recht oft auf Grund des zwanghaften Perfektionsideals[11]: man ist gewissermaßen schon «fertig», also mit ca. 20 Jahren, vollendet auf die Welt gekommen; die «Marienkinder» hingegen verbringen ihre Jugend gewissermaßen wie in einer traumhaften Welt, die wechselweise im «Himmel» oder in der «Hölle» spielen kann, in jedem Falle aber auf unheimliche Weise mit einer allmächtig wirkenden Person verschmolzen bleibt. Es ist, als wenn die frühkindliche Dualunion mit der Mutter eigentlich nie ganz aufgehört hätte, und in der Tat wird es für ein «Marienkind» keine größere Angst geben als die mögliche Katastrophe des Verlassen- und Verstoßenwerdens. Der «Himmel» der «Madonna», so dürfen wir schon hier vermuten, ist der Ort einer mit strahlendem Glück überlagerten Angstliebe, und das «himmlische» «Glück» wiederum besteht in einer Art oraler Überversorgung und Verwöhnung, die, wie sich später noch zeigen wird, die kindliche Abhängigkeit eher fordert und fördert, als sie zu mehr Eigenständigkeit und Selbstverantwortung hin zu öffnen.

Vielleicht ist es auch möglich, in dem buchstäblich «himmelweiten» Abstand zwischen der «Vaterwelt» und der «Mutterwelt» im Leben des «Marienkindes» noch inhaltlich einige Forderungen herauszuspüren, die zu dem Bereich der «Madonna» gehören. Wer im «Himmel» lebt, wird nicht nur in «golddurchwirkten Gewändern» spielen dürfen, er wird auch reinlich und säuberlich auf seine Kleidung und sein gesamtes Äußeres achtgeben müssen; wer gar mit «Engeln» spielt, wird gewiß niemals Streit und Zank anfangen dürfen, und käme es denn je zu einem ernsthaften Konflikt, so hätten in den Augen der «Madonna» bestimmt die «Engel» recht – eben deshalb kommt es darauf an, ständig so brav zu sein, daß es keine Konflikte gibt; und wer vollends der ärmlichen Welt des «Holzhacker»-Vaters im wörtlichen Sinne «enthoben» ist, darf sich gewiß nicht nur über die rohe und ungebildete Welt seiner Herkunft «erhaben» dünken, er muß auch

mit Fleiß und Leidenschaft «höheren» Zielen der Bildung und Kultur obliegen. Daß das Märchen von all diesen Forderungen der Kindheit kein Wort überliefert, braucht keineswegs zu bedeuten, daß sie nicht bestanden hätten; es besagt lediglich, daß ein echtes «Marienkind» mit derlei Anforderungen für gewöhnlich keine Probleme hat. «Ich habe», wird es später sagen, «in der Schule nie Schwierigkeiten gehabt», oder: «Beim Spielen war es immer sehr schön, worauf wollen Sie mit Ihren Fragen hinaus?», oder: «Ich habe mich immer mit allen vertragen; nein, Streit hat es nie gegeben – aber ich kann mich an all das nicht mehr erinnern.» Es ist, als finge das Erleben der «Marienkinder», so frühentwickelt sie oft auch sein mögen, tatsächlich erst mit 13, 14 Jahren an und als wären sie wirklich erst in diesem Alter zur Welt gekommen. Ja, in gewissem Sinne trifft dieser Eindruck vollkommen zu, indem die «Marienkinder» nicht nur ganz früh schon schuldig werden dadurch, überhaupt auf der Welt zu sein, sondern zudem mit ca. 14 Jahren tatsächlich durch eine neue Schuld erst wirklich zur Welt kommen; doch diese zweite Schuld wird nicht mehr oraler Natur sein, sie wird darin bestehen, eine Frau (bzw. ein Mann) zu sein und eines Tages das Geheimnis des eigenen Geschlechtes zu entdecken.

Der Sündenfall der 13. Pforte

Bisher erzählte das Märchen die Geschichte vom «Marienkind» auf eine

Weise, daß die bestehenden Konflikte mehr zu erraten denn zu beweisen waren; und daß eine solche tiefenpsychologische Rekonstruktion seiner Genese überhaupt gelingen konnte und möglich war, liegt allein daran, daß der spätere Zustand des «Marienkindes» uns all die aufgezeigten oral-depressiven bis zwanghaften Charakterzüge und Verhaltensweisen noch einmal unzweideutig verraten wird, die wir bereits in der frühen Kindheit und Jugendzeit (wenngleich oft gegen den Widerstand der selbstgeschaffenen Kindheitslegende) annehmen müssen. Doch so trügerisch ruhig wenigstens die «Himmelszeit» des «Marienkindes» auch erscheinen mag, der Zeitpunkt läßt nicht auf sich warten, wo das «Marienkind», vermeintlich gerade auf dem Gipfel seines Glücks, einen jähen «Absturz» erleiden wird.

Die Welt der «Muttergottes» galt uns bisher vornehmlich als eine Welt oraler Verwöhnung und als die Sphäre einer unaufgelösten Dualunion von Mutter und Tochter. Aber daß dies allein nicht die ganze Wahrheit sein kann, zeigt sich bereits in der eigentümlichen Art, in der das «Marienkind» gerade in der Zeit der beginnenden «ödipalen Phase» von seinem Vater an die «Mutter Gottes» «abgegeben» wurde. Bislang mochte es genügen, für diesen Wechsel von der Welt des «Vaters» zu der Welt der «Mutter» gewisse äußere oder innere Gründe im Erleben der Eltern anzunehmen; aber auch so konnte nicht verborgen bleiben, daß dieser Wechsel auf eine Unterbrechung der normalen Sexualentwicklung des Mädchens hinauslief, indem die übergroße Bindung an die Mutter mit einer Fixierung bzw. einer Regression auf die orale Stufe der Entwicklung einherging. Die frühkindliche Angst vor dem Vater bzw. eine solche absolute Angstliebe zur Mutter bedeuten von vornherein, daß der Weg zur Liebe im späteren Lebensweg eines «Marienkindes» nicht unproblematisch verlaufen wird; gleichwohl kommt noch ein spezifisches Moment der Erzählung zu dieser oralen Thematik hinzu: die Jungfräulichkeit der «Mutter Gottes».

Oft genug hat man psychoanalytisch das christliche Dogma von der jungfräulichen Empfängnis und Geburt des Jesuskindes in den Verdacht gesetzt, eine durch und durch ödipale Phantasie zu sein[12]: aus lauter Sexualangst und aus sublimem Vaterhaß werde die Rolle des Josef bei der Geburt Jesu verschwiegen und das Dogma von der jungfräulichen Geburt ohne das Dazutun eines Mannes an die Stelle der natürlichen Verhältnisse gerückt. Tatsächlich entstammt die Vorstellung von der Jungfrauengeburt indessen der durchaus nicht sexualfeindlichen oder «ödipal» gefärbten Welt des Matriarchats, in deren archaischem Glauben die Große Mutter als eine absolute Macht keines Mannes bedarf, um ein Kind zur Welt zu bringen[13]; außerdem kennt das Ritual der Heiligen Hochzeit, wie es z.B. bei der Geburt des Pharao in Ägypten begangen wurde, die «Jungfräulichkeit» der «Gottesmutter» nicht als eine biologische Aussage über den physischen Zustand der Mutter des späteren Gottkönigs, sondern man

spricht von der «Jungfräulichkeit» der Mutter erst von dem Zeitpunkt an, da der neue Pharao festlich seinen Thron bestiegen hat – nicht um die Mutter, einzig um den neuen Herrscher geht es mithin bei der Vorstellung seiner jungfräulichen Geburt[13a]. Trotzdem hat die christliche Dogmatik und vor allem die Moraltheologie in Gestalt der sogenannten Mariologie viel dazu beigetragen, den alten psychoanalytischen Verdacht zu erhärten, die christliche Religiosität basiere auf einem gerüttelt Maß an ödipaler Sexualverdrängung, und es kann jedenfalls ehrlicherweise kein Zweifel daran bestehen, daß es für eine Frau psychologisch ein sehr widersprüchliches Ideal darstellt, religiös einem Vorbild nachstreben zu sollen, das selbst als Mutter «jungfräulich» blieb.

Was das Märchen vom «Marienkind» angeht, so läßt sich der Typ der jungfräulichen «Madonna» als Mutter vom Kontext der bisherigen Erzählung her ein Stück weit präzisieren, und man wird dann noch besser verstehen, wieso eine derart lange und enge Verbindung zwischen Mutter und Tochter, wie das Märchen sie schildert, überhaupt zustande kommen konnte. Man kennt das Schicksal zahlreicher Frauen, die z.B. wegen der Roheit ihres Mannes oder infolge ihrer eigenen Ängste oder auch einfach aufgrund gewisser unüberbrückbarer Gegensätze in der Ehe einer wirklichen Liebe entraten müssen; die Frustrationen einer solchen Ehegemeinschaft ließen sich vielleicht ohne tiefere Zerrüttungen kompensieren, wenn vor

allem die Frauen offen genug wären und sein dürften, ihre Erfüllung geistig und seelisch in einer tief erfahrenen Freundschaft anderswo zu finden. Aber gerade das wird meistens von Kirche und Gesellschaft untersagt. Für gewöhnlich liegt es besonders in streng religiösen Kreisen scheinbar immer noch weit näher, gewisse Enttäuschungen am eigenen Ehepartner mit einem Ausweichen in das Ideal der Madonna zu beantworten, als dem Bedürfnis nach Liebe, Verständnis und geistiger Einheit Recht zu geben: der Gatte wird innerhalb einer solchen Zwangsgemeinschaft dann notgedrungen vom «Partner» zum «Versorger», und an die Stelle des ehemals Geliebten tritt in einer solchen «Josefsehe» nun das Kind. Ihm gilt ersatzweise fortan die ganze Liebe der treusorgenden Mutter – auch ein solcher Rückzug des Vaters von der seelischen Verbundenheit mit der Mutter und seinem Kind verträgt sich gut mit der Bemerkung des Märchens, daß der Vater von sich aus die Verantwortung für das «Marienkind» an die «Muttergottes» delegiert. Die Frau aber, die eine solche Rolle als «Madonna», als Mutter ohne Mann, «erwählt», muß künftig vor allem ihren Wunsch nach partnerschaftlicher Liebe in sich unterdrücken, und indem sie den Mann durch ihr Kind, besonders ihre Tochter, ersetzt, muß sie von diesem unbewußt die gleiche «Lösung» erwarten, die sie sich selbst zu eigen gemacht hat: niemals darf ihr Kind kennenlernen, was sie in Zukunft am meisten in sich selbst bekämpfen muß: die Sehnsucht nach Liebe; und dieses Ideal der Madonna, der jungfräulichen Mutter, muß für die Tochter um so verführerischer und faszinierender sein, als die Mutter in der Tat womöglich wie eine «Heilige» selbstlos und opferbereit für ihr Kind, ihr einziges zumal, sich einzusetzen bemüht.

Die «Dualunion» von Mutter und Tochter beruht insofern auf einem Ergänzungssyndrom zweier komplementärer Haltungen: die Mutter wünscht sich ein Mädchen, das es ihr erlaubt, auf mädchenhaft-jungfräuliche Weise die Rolle der «ewigen Mutter», der «Demeter», zu übernehmen; und die Tochter wünscht sich eine Mutter, die es ihr erlaubt, die Rolle der «Persephone», der ewigen Tochter, beizubehalten[14]; und dieses Arrangement, an sich dazu bestimmt, unauflöslich zu währen, hätte in der Tat alle Aussicht auf ewige Dauer, wäre da nicht die fatale Energie der Entwicklung mit der allmächtigen Sprengkraft der Liebe, die es nicht gestattet, auf immer kindlich zu bleiben, nur um die kindliche Regression der Mutter zum Status der «Madonna» aufrechtzuerhalten. Das unbewußte «Abkommen» zwischen Mutter und Tochter scheitert an demselben Faktor, der die meisten homosexuellen Freundschaften zwischen zwei Frauen, wenngleich oft erst nach vielen Jahren, auseinandertreibt: an dem Faktor der seelischen Weiterentwicklung auf seiten der meist Jüngeren durch die Sehnsucht nach einem Partner des anderen Geschlechtes.

Alles beginnt, wie es in den Märchen häufig beginnt: die Madonna geht auf eine «große Reise», d. h., ihr unmittelbarer Einfluß, ihre ständige Gegenwart im Bewußtsein, ihre freundlich-einengende Kontrollaufsicht läßt nach. Der Zeitpunkt dafür ist recht gewählt: das «Marienkind» ist 14 Jahre alt, es steht am Anfang der Pubertät, und es muß, koste es, was es wolle, lernen, seine eigene Welt zu entdecken. Dabei verstünde man die himmlische Macht der «Madonna» gründlich falsch, wenn man sich darunter das Terrorregime einer zänkischen Vettel vorstellen wollte; sehr im Gegenteil behauptet die «Madonna» ihren Einfluß gerade durch ihre objektive Güte und entgegenkommende Großzügigkeit. So auch jetzt: Man sollte annehmen, daß die «Mutter Gottes» wohl weiß, worauf sie ihre Tochter vorbereitet, wenn sie ihr die «Schlüssel des Himmels» anvertraut und sie mithin förmlich einlädt, in ihrer Abwesenheit sich nur ja recht umzuschauen. Dennoch ist es bezeichnend, daß sie mit keinem Wort verrät, was hinter den Pforten des Himmels im einzelnen auf ihre Tochter wartet; sie geht einfach fort und überläßt das Mädchen sich selbst – eine Zeit ungeahnter Freiheiten und Möglichkeiten tut sich auf; eine Phase unerhörter Entdeckungen und nicht zu bändigender Neugier beginnt für das 14jährige Mädchen, das sich eine ganze Zeitlang um die Mutter offensichtlich nicht mehr zu kümmern braucht; die «Madonna» (bzw. das Vorbildideal des «Marienkindes») ist buchstäblich «weit weg», und es geschieht objektiv sogar in voller Duldung und in vollem Einverständnis mit der «Mutter», wenn das Mädchen, im Vollbesitz seiner himmlischen «Schlüsselgewalt», eine Pforte nach der anderen für sich «erschließt»[15]. Tatsächlich hebt für das Mädchen mit dem Weggang der Mutter eine Zeit der ungetrübten *sexuellen* Neugier an, denn nichts anderes wird man in dem Aufschließen der zwölf Himmelspforten erblicken müssen. Freilich ist die Szenerie von Anfang an gespalten genug: keinesfalls genügt es für ein «Marienkind», wie sonst unter den Sterblichen, einfach einen jungen Mann kennenzulernen und sich mit ihm anzufreunden; im «Himmel» der «Madonna» bedeutet die erste Erfahrung im Umgang mit dem anderen Geschlecht etwas gewissermaßen «Mystisches» und «Heiliges», und nur in dieser überirdischen religiösen Verklärung scheint es erlaubt zu sein, an einen Mann auch nur zu denken.

Wohlgemerkt gibt es im Herzen eines Menschen gewiß nichts, das so heilig, beseligend und göttlich sein könnte wie die Liebe; aber eines ist es, in der beseligenden Gegenwart eines Menschen, den man von Herzen liebt, zu Gott getragen zu werden und durch seine Person hindurch das Tor zum Himmel offen zu sehen, und etwas ganz anderes ist es, wenn man, wie das «Marienkind», von vornherein den möglichen Partner der Liebe in ein heiliges Wesen, in einen «Apostel» verwandeln muß, nur um ihn in einer derart unberührbaren und unerreichbaren Ferne zu halten, daß er vielleicht ein Gegenstand der Verehrung und Bewunderung bleibt, aber sicher nicht der Liebe zugänglich wird. Wohl bedeutet es für das «Marienkind» einen wichtigen Fortschritt, sich immerhin am Anblick der «Apostel» in ihrer «Pracht» und «Herrlichkeit» zu erfreuen, aber es ist deutlich, daß es im Grunde keinen Kontakt, kein Gespräch, keine wirkliche Beziehung zu diesen vergöttlichten Mannesgestalten geben kann noch darf. Auch die «Englein», d.h. die geistigen Einstellungen und Wertungen der Kindertage[16], freuen sich nur solange mit dem Marienkind, als es den Zustand seiner träumend-sehnsüchtigen Unschuld bewahrt. Es ist eine Zeit, von der manch ein «Marienkind» später berichten wird, daß es in wörtlichem Sinne vor lauter Sehnsucht und Einsamkeit die Pfeiler der Heiligenstatuen in der Kirche umarmt habe oder daß es jeden Tag in die Messe gegangen sei, um der Person Christi oder des Priesters, der sie verkörpert, nahe zu sein, oder geheime Liebesbriefe an den Kaplan der Mädchengruppe in sein Tagebuch geschrieben habe. Es ist die äußerste Grenze, bis wohin ein «Marienkind» sich vorwagen darf, ohne die Sympathie der «Mutter Gottes» und der «Englein» zu verlieren; es ist der äußerste Versuch eines Kompromisses zwischen Es und Über-Ich, zwischen dem natürlichen Verlangen nach Liebe und der überirdischen Moralität der «Madonna», und um so furchtbarer ist es, daß selbst dieser Kompromiß von vornherein an der Starrheit der «Mutter Gottes» scheitern muß.

Die grausame Wahrheit nämlich besteht darin, daß die «Mutter Gottes» nur scheinbar die Freiheit und das Glück ihrer Tochter will, im Grunde verlangt sie ein Leben, das frei und ungezwungen und glücklich *scheint,* um es in Wirklichkeit niemals zu werden. Die «Madonna» selbst ist viel zu klug und auch selber wohl in der Tat viel zu verständig und wohlmeinend, als daß sie ihrer Tochter den Weg zur Liebe von vornherein untersagen könnte oder wollte; aber sie kann ihrer Tochter nicht mehr gestatten, als sie sich selbst erlaubt, und unbedingt muß sie ihr daher die Erfüllung der Liebe versagen. Alles ist für sie nur solange noch richtig und gut, als es sich ausschließlich im Bereich von Vorstellung, Traum und Phantasie abspielt und durch entsprechende religiöse Überhöhungen legitimiert scheint; alles hingegen ist verboten und sündhaft, was den Traum in die Wirklichkeit setzen würde: die 13. Pforte, der Abschluß von allem, die «Anschauung Gottes», der wirkliche Inbegriff des Himmels, muß unter absolutes Tabu gestellt werden.

Gewiß mag man sich fragen, ob es angehen kann, selbst in dem Bild der Heiligsten Dreifaltigkeit noch sexualsymbolische Inhalte aufzufinden, und eine bestimmte Art von Religiosität und Theologie wird unzweifelhaft die Gelegenheit nicht verstreichen lassen, hier von perversen, obszönen, sakrilegischen, pansexualistischen und geradewegs blasphemischen Insinuationen zu reden. Indessen wird man mit solchen Abwehrversuchen doch nicht vergessen machen können, daß es im Menschen nur *eine* Kraft der Liebe gibt, die prinzipiell alles umfaßt, vom Kleinsten bis zum Höchsten, vom Atom bis zum Spi-

ralnebel, vom Regenwurm bis zu den Engeln, vom geliebten Du eines Menschen bis zum Du Gottes, und es beleidigt gewiß nicht die Ehre des Allerhöchsten, wenn man seinen Theologen versichert, daß wir den Ursprung unseres Lebens im Hintergrund der Welt mit der gleichen Intensität und Sehnsucht lieben wie unseren besten Freund. Wohl aber ist es an dieser Stelle des Märchens nicht zu übersehen, daß das Märchen von «Gott» auf eine Weise spricht, die keines Theologen Zustimmung erringen kann, indem die 13. Pforte, die Tür zu «Gott», von der «Mutter Gottes» ausdrücklich verboten wird. Ein solches Verbot muß so lange als geradezu absurd erscheinen, als man unterstellt, daß es dem Märchen hier wirklich in theologischem Sinne um Gott zu tun ist. Selbst wenn man religionsgeschichtlich an die alte Vorstellung erinnert, daß es tödlich sei, die Gottheit anzuschauen[17], so weist doch das Verbot der «Mutter Gottes» in völlig andere Richtung. Nicht der Tod, die Vertreibung aus dem Himmel steht als Strafe auf die Übertretung des mütterlichen Verbotes, die 13. Pforte zu öffnen, und theologisch gesehen kann es nie und nimmer ein Verbot geben, Gott anzuschauen[18]. Gerade die Mutter Gottes ist es, die man im Gebet der Kirche immer wieder anfleht, sie möge uns verbannten Kindern Evas nach der Zeit des Exils in diesem Tal der Tränen ihren Sohn Jesus Christus zeigen[19]. Theologisch betrachtet kann gerade die Mutter Gottes demnach kein Interesse daran haben, ihrer Adoptivtochter den Anblick der Dreifaltigkeit zu untersagen, und folglich ist von «Gott» an dieser Stelle nur in uneigentlichem Sinn die Rede. Es bleibt mithin nichts übrig, als das Verbot, «Gott» anzuschauen, in der gleichen Weise zu interpretieren wie den Anblick der «12 Apostel»: auch die «Dreifaltigkeit» dient hier «nur» der Verschleierung für den Wunsch und zugleich für das Verbot der Liebe, allerdings so, daß sich in ihr als Erfüllung und Ziel verdichtet, wovon die «Apostel» nur vorbereitend Zeugnis ablegen konnten: die Gestalt eines Partners der Liebe[20].

Man braucht, um diese Gleichung von «Dreiheit» und «Männlichkeit» tiefenpsychologisch zu belegen, durchaus nicht nur an die objektalen Deutungen S. Freuds zu erinnern, der das Symbol der Dreizahl unmittelbar von der Gestalt des männlichen Genitales ableitete[21], es zeigt sich auch subjektal, daß die Dreizahl eine «männliche» Einheit darstellt[22], und sie zu «sehen», ist entwicklungspsychologisch äußerst wichtig, denn es gibt keinen anderen Weg für ein heranwachsendes Mädchen, als sich der Neugier am anderen Geschlecht vertrauensvoll zu überlassen und damit über den anderen zu sich selber hinzufinden. Recht hat in gewissem Sinne daher die oben bereits erwähnte Märchenvariante von der «schwarzen Frau», in der hinter der 13. Tür sich *vier Frauen* verborgen halten: die Vierzahl steht symbolisch für die Vollendung der Weiblichkeit[23], und in der Tat tritt die göttliche Dreiheit an dieser Stelle zur weiblichen Vierheit in ein Verhältnis

von Bedingung und Ergebnis: einzig der «Anblick» der Männlichkeit ist es, der das «Marienkind» zu einer vollendeten Frau machen könnte, und allein die 13. Pforte führt in die Kammer des eigenen Herzens.

Um so mehr muß dann das Gebaren der «Mutter Gottes» wunder nehmen. Wenn sie ihre Tochter wirklich daran hätte hindern wollen, die 13. Pforte zu öffnen, wäre es ihr bestimmt ein leichtes gewesen, den Schlüssel der Tür bei sich zu behalten. Wieso überreicht sie dem «Marienkind» ausdrücklich den Schlüssel auch zu dieser Tür, nur um seinen Gebrauch unter strengstes Verbot zu stellen? Die Lösung dieses höchst widersprüchlichen Verhaltens kann gewiß nicht darin liegen, daß die «Mutter Gottes» einfach den «Gehorsam» ihrer Tochter auf die Probe stellen möchte; niemals geht es in wirklichen «Sündenfallgeschichten» um rein formale Gehorsamsforderungen, deren Inhalt völlig willkürlich wäre und sein müßte, um desto eindrucksvoller die Machtwillkür eines bestimmten Gesetzgebers zu bestätigen. Selbst in der biblischen Sündenfallerzählung von Gen 3,1–7 trifft die oft geäußerte Ansicht nicht zu, Gott habe sein Gebot nur erlassen, um den «Gehorsam» des Menschen zu prüfen und seine eigene Überlegenheit unter Beweis zu stellen[24]. Wenn die Götter etwas verbieten, so sprechen sie nur aus, was unvermeidbar verboten werden muß, selbst wenn der Sinn des Verbotes oft verborgen und geheimnisvoll bleibt. Von der «Mutter Gottes» in unserem Märchen wissen wir allerdings, daß sie

nur allzu menschlich ist; ihr ist es durchaus zuzutrauen, daß sie etwas verbietet, das objektiv gar nicht verboten werden dürfte, das aber von ihrer eigenen Persönlichkeit her unbedingt unter Verbot gestellt werden muß, und es ist deshalb sehr die Frage, welch ein Interesse sie selbst daran haben mag, ihrer Tochter bestimmte «göttliche Einsichten», symbolisiert im Geheimnis der 13. Pforte, vorzuenthalten.

Deutlich geworden ist bereits, daß der Inhalt dieses Geheimnisses sexueller Natur sein muß, aber sein engerer Sinn, vor allem die Verbindung, die dieses Verbot mit der «Mutter Gottes» unterhält, ist damit noch nicht geklärt. Die Frage läßt sich indessen unschwer beantworten, wenn wir darauf achthaben, daß es im Grunde nur das *Sehen* ist, das die Mutter dem «Marienkind» verbietet; die Frage stellt sich dann, was an der «Mutter Gottes» selber unter Strafe eines totalen Liebesverlustes für das «Marienkind» zu sehen verboten ist.

Tatsächlich läuft das Verbot der «Mutter Gottes» letztlich auf eine Einschränkung des sexuellen Schautriebes hinaus, so wie umgekehrt das gesamte Sexualverhalten des «Marienkindes» sich im wesentlichen auf das «Sehen» beschränkt. Wenn man will, mag man die Einstellung des Mädchens als «voyeuristisch» bezeichnen; aber was bleibt einem Mädchen in seiner Sehnsucht anders als das Sehen, wenn jeder wirkliche Kontakt zu einem anderen Menschen, den es lieben könnte, durch die verbietende Haltung seiner Mutter blockiert ist? Das «Schauen» bildet das letzte Refugium seines Verlangens nach Liebe, Freiheit und Unabhängigkeit von seiner Mutter, und in gewissem Umfang wird dieses Streben von seiner Mutter nicht nur toleriert, sondern sogar aktiv unterstützt. Um so mehr muß man sich fragen, was für ein Geheimnis sich hinter der 13. Tür verbirgt.

Die Einschränkung der Schaulust wird psychoanalytisch zumeist auf das Tabu der «Urszene» zurückgeführt, auf das Verbot mithin, die Eltern beim Austausch der Liebe zu belauschen[25]. Fast immer wird dabei angenommen, daß der Vater den Sohn mit der «Kastration» bedroht, weil er den Platz an der Seite seiner Frau gegen jeden männlichen Konkurrenten verteidigen will, und daß umgekehrt die Mutter ihre Tochter daran hindern will, sie von der Seite ihres Mannes zu verdrängen[26]. Dieser ödipale Hintergrund existiert in der Entwicklung des «Marienkindes» unzweifelhaft: um den Mann als absolut überwertig und unerreichbar in der Rolle eines «Gottes» bzw. in der Position der «Heiligen Dreifaltigkeit» zu «sehen», bedarf es unbedingt der Sichtweise, mit der ein kleines Mädchen zu seinem Vater aufblickt. Vom Ödipuskomplex her versteht man auch, daß es der «Mutter Gottes» relativ gleichgültig sein kann, wenn das «Marienkind» den «Aposteln», also allen möglichen Männern nachschaut, aber daß sie mit aller Macht den Blick auf (Gott-)Vater, also ihren Mann, verhindern muß. Indessen geht es jetzt, mitten in der Pubertät, nicht eigentlich mehr um das Verbot des Inzests – es ist mehr als ein Jahr-

zehnt her, daß der Vater seine Tochter an die Mutter «abgegeben» hat. Was hingegen die «Mutter Gottes» um ihrer selbst willen mit Nachdruck verbieten muß, ist die «Einsicht» in die Göttlichkeit der Liebe: sie ist die einzige Erkenntnis, die endgültig die Rolle der Mutter als «Madonna» gefährden kann. Die Mutter, die selbst um des jungfräulichen Ideals willen ihre eigene Fähigkeit zur Liebe wie etwas «Unansehnliches» zu bekämpfen sucht, kann unmöglich dulden, daß ihre eigene Tochter die überwältigende Schönheit der Liebe nicht nur in der Sehnsucht, sondern in der Wirklichkeit kennenlernt – ihr eigenes Ichideal, geprägt von Selbstunterdrückung und Selbstaufopferung, drohte dann endgültig als ein sublimer Betrug entlarvt zu werden; ja, es ließe sich mit Bezug zu der «Urszene» schließlich die Entdeckung doch nicht mehr verhindern, daß zu einer bestimmten Zeit sogar der «Madonna» die Liebe nicht nur in jungfräulicher Gleichgültigkeit widerfahren sein kann. Und eben dies scheint die «Eröffnung» zu sein, die die «Mutter Gottes» jetzt um «Gottes willen» verhindern muß, indem sie ihrer Tochter die Öffnung der 13. Türe rigoros untersagt.

Erst von diesem recht eigennützigen Motiv her versteht man, daß die «Mutter Gottes» absolut unversöhnlich auf die Übertretung ihres Verbotes reagiert[27]. Im Grunde handelt es sich um einen ausgesprochen narzißtischen Beweggrund, und nur er allein erklärt die Unerbittlichkeit der bis dahin so gütigen «Mutter Gottes»: der Liebesentzug,

mit dem sie ihre Tochter verstößt, beantwortet eigentlich das Gefühl, selber gewiß nicht mehr liebenswert zu sein, wenn sie zur Liebe Ja sagen würde; das «Marienkind» ereilt nach seiner Entdeckung an der 13. Pforte somit ein strenges, archaisches jus talionis, das deutlich zeigt, daß die «Mutter Gottes» ihrer Tochter nicht vergeben kann, was sie sich selber nicht vergibt.

Damit scheint der psychologische Sachverhalt objektiv hinreichend beschrieben, aber es kommt, wie stets, darauf an, sich von innen her in die Wirklichkeit eines solchen Erlebens einzufühlen. Welch eine Tragödie für eine Frau, die es ihr Leben lang mit ihrer Tochter, wie man so sagt, «nur gut gemeint» hat, und welch ein Erschrecken für den Leser eines solchen Märchens, erkennen zu müssen, wie wenig im Leben oft die «gute Meinung» genügt! Daß man sich irren kann, ist schlimm; aber welch eine Rechtfertigung bleibt noch, wenn selbst das subjektiv gute Wollen derart in Zweifel gezogen werden kann, wie es bei dieser Betrachtung des Märchens geschieht? Alles gute Bemühen der «Mutter Gottes», ihrer Tochter ein Paradies auf Erden zu bereiten, scheitert, und statt des erhofften Glücks zeigt sich im Gegenteil, in welchem Umfang das Problem des «Marienkindes» im Ursprung ein Problem der «Mutter Maria» selber ist, indem diese ihre eigenen Ambivalenzkonflikte in vollem Umfang an das «Marienkind» abgibt. Auf ihre Weise liebt die «Mutter Gottes» ihre Tochter, kein Zweifel; aber sie muß sie schließlich hassen, weil sie sich selbst als Frau nicht zu lieben vermag – dies ist die eine Seite des Konfliktes; auf der anderen Seite muß die «Mutter Gottes» ihre Tochter als Frau dazu verführen, eine Frau zu werden; aber sobald diese das Terrain jungfräulicher Empfindungslosigkeit wirklich verläßt, hat sie als «Jungfrau Maria» offenbar die Pflicht, ihre Tochter zu verstoßen. So widersprüchlich die «Mutter Gottes» selbst zwischen Selbsthaß und Selbstaufopferung hin- und hergerissen wird, so ambivalent zwischen Haß und Liebe ist und bleibt auch ihre Tochter notgedrungen an sie gebunden. Diese Ambivalenz der Gefühle ist das eigentliche Problem. – Meisterlich beschreibt das Märchen die entscheidende Versuchungsszene selbst, in der die vermeintliche «Sünde» des «Marienkindes», das endgültige Erwachen seiner Weiblichkeit, geschildert wird. Vielleicht gibt es keine Zone des menschlichen Erlebens, wo die Magie der Angst, die hilflose Auslieferung an das eigene triebhafte Verlangen im Getto von Verbot, Angst und Unterdrükkung, wo die Ohnmacht des moralischen Wollens derart deutlich zutage tritt wie im Umgang mit der eigenen Sexualität. Vorsichtig-tastend, immer noch um einen letzten Kompromiß mit dem schlechthin Unversöhnbaren bemüht, versucht das «Marienkind» das Verbot der «Mutter Gottes» zunächst zu umgehen und dabei doch den Anschein aufrecht zu erhalten, es habe der mütterlichen Weisung Genüge getan[28]. Fast rührend bittet es die «Englein», die Stimmen seiner eigenen Kindlichkeit, um Verständnis und erläutert ihnen seinen Plan, nur «ein wenig durch den Ritz» der Tür zu schauen; aber vergebens: eindringlich warnen die «Englein» vor dem verbotenen Tun, und sie sehen ganz richtig voraus, daß das «Marienkind» beim Öffnen der «Tür» endgültig das Glück seines «Himmels», die Einheit mit der «Mutter Maria», verlieren wird. Doch was hilft's? Das «Marienkind» wird von dem eigenen Drang der «Lust» und Neugier unablässig weiter vorangedrängt; deutlich spürt es, daß all seine bisherigen Entdeckungen an den 12 Pforten der «Apostel» vergebens wären ohne die entscheidende «Öffnung» der 13. Türe. Wohl muß es darauf verzichten, seine Empfindungen und Gedanken den Gefühlsregungen und Geistern der eigenen Kindlichkeit, den «Englein», begreifbar zu machen; aber der Zeitpunkt kommt, an dem die kindlichen Gefühle der Angst einen Moment lang ebenso verschwunden sein werden wie die «Mutter Gottes», und in diesem Augenblick widerfährt dem «Marienkind», was der «Jungfrau Maria» zufolge nie und nimmer geschehen dürfte und was doch menschlich unvermeidbar ist.

Wohl jeder, selbst wenn er vor anderen niemals davon gesprochen hat, wird sich an den Moment erinnern können, da er das erstemal die Regung seiner Sexualität bis zur höchsten Empfindung hin gespürt hat, und so streng er auch erzogen worden sein mag, war das naturhafte Glück dieser Entdeckung in ihm doch so stark, daß im Augenblick des Tuns es ihn, statt mit Schuldgefühlen, vielmehr mit Staunen, Faszination und Stolz erfüllte, eine Frau bzw. ein Mann zu sein; als ob die endlosen Versuche der Annäherung sich wie Wassertropfen in einem Glase gesammelt hätten, das nun in einer letzten Bewegung die Oberflächenspannung durchbräche, um endlich sich unaufhaltsam ausgießen zu können, so verdichten sich jetzt all die vorangegangenen «Einsichten» und «Eröffnungen» beim Anblick der «Heiligen Dreifaltigkeit». Die Symbolsprache des Märchens ist hier so deutlich, daß sie unstreitig von einem onanistischen Tun spricht: der «Schlüssel» und das «Schloß» ist ein geläufiges phallisches und vaginales Symbol[29], der «kleine» Schlüssel vor allem, der die 13. Tür öffnet, darf als Symbol der Klitoris gelten, die «Tür» bzw. die spaltweise «Öffnung» ist ohne Zweifel als die weibliche Körperöffnung zu verstehen[30], den «Anblick» der «Heiligen Dreifaltigkeit» aber wird man gewiß als die zugehörige unwiderstehliche Sexualphantasie des onanistischen Tuns deuten müssen[31]. Gewiß: Dem Märchen liegt daran, all diese Erfahrungen als ungeheuerliche Vermessenheit, als Frevel gegenüber der «Mutter Gottes», als «Beleidigung Gottes» hinzustellen, und es macht sich gewissermaßen damit die Sichtweise der «Englein» zu eigen. Aber kann denn erlaubterweise ein Mädchen dabei stehenbleiben, ein Mädchen zu bleiben? Folgt das «Marienkind» nicht insgeheim der Aufforderung der «Mutter Gottes» selbst, die ihm den «Schlüssel» auch zur «13. Pforte» übergab? Und war es nicht in eigentlichem Sinne eine echte «Doppelbindung» (double bind)[32], wenn die «Gottesmutter» dem Kind den «Schlüssel» nur gab, um seinen Gebrauch zu untersagen? Jedenfalls spiegelt die Erzählung auf einer tieferen Ebene, unterhalb seiner legendär-moralisierenden Tonlage, außerordentlich einfühlend die innere Zwangsläufigkeit im Tun des «Marienkindes» wider: das Gesetz der allmählichen quantitativen Steigerung von Empfindung, Neugier und Begierde, den plötzlichen Umschlag zur Erfahrung einer neuen Wirklichkeit, die beseligende Verzauberung bei ihrem ersten Eindruck, die überwältigende Ausgeliefertheit an das übermächtige Glücksgefühl und die zaghaftmutige, wie hypnotische «Berührung» der göttlichen «Pforte». Nur schwerlich wird man eine Erzählung finden, die den inneren Zwiespalt der Sexualität, ihre Mystifikation zu einem überirdischen Erlebnis im Umkreis von Verbot und Verleugnung, mit wenigen Sätzen so prägnant und verständnisvoll schildert, wie diese Geschichte des «Marienkindes».

Das unauflösbare Dilemma des «Marienkindes» indessen ergibt sich gerade aus dieser Mystifikation der Sexualität selbst. Durch das apodiktische Verbot überwertig geworden, wird die Sexualität, einmal erlebt, eine wahre Obsession, eine Zwangsvorstellung, die um so weniger abzustreifen ist, je mehr man sie mit Angst und Schuldgefühlen bekämpft. Kaum hat das «Marienkind» mit seinem Finger den «Glanz» der verbotenen «Türe» berührt, als sein Finger sich «vergoldet» und es trotz aller Anstrengung von diesem «Goldglanz sich

nicht mehr «reinzuwaschen» vermag. Zwar schlägt es die verbotene Pforte sogleich «heftig zu» und läuft fort, – es will sein Tun auf der Stelle ungeschehen machen[33], doch seine Flucht hilft nicht mehr: die Erfahrung des einmal Geschauten und Berührten wird es wie ein unauslöschliches Merkmal begleiten. Von Heroinsüchtigen sagt man, sie hätten einen goldenen Arm, um damit das Organ ihres magischen Glücksfetischs zu bezeichnen; nicht anders wird man auch die Mitteilung des Märchens verstehen können, das «Marienkind» habe von der Berührung der verbotenen «Türe» einen «goldenen Finger» behalten: das einmalige Tun, gerade weil es wie ein Sündenfall ein absolutes Tabu durchbricht, bleibt im Umkreis von Angst und Verdrängung, von Überwertigkeit und Verlangen, von Glücksgefühl und Schande, als zwanghafte Fixierung erhalten, ja es wird zu einer Erfahrung, die alle anderen Glücksmöglichkeiten absorbiert[34] und sich schließlich zur einzigen und einzig verbotenen Quelle von Freude und Lust verdichtet. Der «goldene Finger» des «Marienkindes» ist fortan das Symbol einer Sucht, bei der das Verbotene nach und nach alles Erlaubte aufsaugt und damit eine Allmacht gewinnt, die das eigene Ich trotz (oder gerade infolge) aller Reue, aller Angst, aller Selbstreinigungsversuche, aller Fluchtbestrebungen wie ein Tier in der Falle gefesselt hält; und die Fangleine zieht sich nur desto unerbittlicher zusammen, je ruckhafter und verzweifelter das Opfer ihr zu entkommen sucht.

Das Kleid aus Tränen und aus Träumen

Eine Zeitlang mag es sein, daß ein heranwachsendes Mädchen (oder ein Junge) sein «Geheimnis» vor sich selbst und anderen erfolgreich verborgen hält. Sollte es wirklich sein, daß eine Tat, durch die man sich derart als «richtige» Frau (oder als Mann) erlebt, die sich aus der gesamten inneren Entwicklung wie folgerichtig ergibt und die aus den Tiefen der Natur wie zwangsläufig aufsteigt, als etwas Ichfremdes, Verbotenes und schlechthin Inakzeptables beiseite geschoben werden muß? Die verzweifelte Hoffnung wird sich anfangs erhalten, vielleicht doch noch einen Ausweg zu finden, der es ermöglicht, mit den neu gewonnenen Energien zu leben. Aber wie?

Gar nicht lange, so kam die Jungfrau Maria von ihrer Reise zurück, erzählt das Märchen und deutet damit an, daß die Verbote und Warnungen vor der Tat unabweisbar nunmehr als Vorwürfe und Schuldgefühle zurückkehren. Ein inquisitorisches Verhör beginnt, das eigentlich nur den Zweck verfolgt, das merkwürdige Wissen der «Mutter Gottes» um die Schuld des «Marienkindes» zu bestätigen. Es geht dabei tatsächlich nicht darum, herauszufinden, ob das Mädchen sich «schuldig» gemacht hat oder nicht, – daß dies der Fall ist, scheint der «Mutter Gottes» von vornherein offenbar; allein ob das «Marienkind» seine Schuld einzugestehen vermag, ist ihre Frage. Wie der Gott Jahwe in der biblischen Sündenfallerzählung in das Paradies der Welt kommt, um die

Menschen, die sich voller Scheu und Angst vor ihm verkrochen haben, zu einem Geständnis ihrer Schuld zu bewegen[35], so kehrt die «Mutter Gottes» als verkörpertes schlechtes Gewissen zu dem armen «Marienkind» zurück, und es zeigt sich ebenso wie in der Bibel, daß man eine «Sünde», die aus Angst begangen wurde, aus Angst auch nicht gestehen kann[36]. Wohl daß alles – die eigene Verlegenheit und Unruhe, die innere Verkrochenheit und Angst – objektiv, wie unter der Registratur eines Lügendetektors, das Gefühl der Schuld mit lauter Zunge ausspricht und verkündet, aber man selber fürchtet die angedrohte Strafe, den absoluten Verlust der mütterlichen bzw. göttlichen Liebe so sehr, daß man sich und dem anderen die Wahrheit nicht einzugestehen vermag. Insbesondere das «Herzklopfen» des «Marienkindes» ist als psychosomatisches Symptom nicht selten ein Hinweis auf verdrängte sexuelle Schuldgefühle im Umkreis der Onanie-Problematik[37] und vermag zusätzlich eine «Herzensangst» zu erzeugen. Aber wann immer es als tödlich empfunden wird, die Wahrheit zu sagen, bleibt kein anderer Weg, als das ganze Leben in eine Lüge zu verwandeln. Und so wie die jahwistische Urgeschichte am Anfang der Bibel die Lüge mit Recht als ein noch schlimmeres Übel darstellt als die «Sünde» selbst, so zeigt auch das Märchen vom «Marienkind» in unheimlicher Weise auf, wie das Gewebe von Angst und Schuld in Gestalt der Lüge sich immer engmaschiger zusammenknotet.

Das Paradox besteht darin, daß das «Marienkind» glaubt, einzig durch die Unwahrheit die Zuneigung seiner Mutter (bzw. der verinnerlichten Mutterimago, des Über-Ichs) sich erhalten zu können – unvorstellbar ist ihm der Gedanke, man könnte der «Mutter Gottes» zutrauen, sie würde für die als so schrecklich dargestellte «Schuld» jemals so etwas wie Verständnis aufbringen oder gar ihrer Tochter womöglich erlauben, in dem vermeintlich «Schuldhaften» eine mitunter unabweisbare Möglichkeit des eigenen Lebens zu erblicken. Aber diese subjektive Gewißheit existiert nur im Bannkreis der Angst des «Marienkindes» – wer weiß, am Ende vertrüge die «Mutter Gottes» die Wahrheit noch eher als die Lüge? Jedenfalls wird das «Marienkind» schließlich darin wirklich schuldig, daß es aus lauter Angst vor seiner «Mutter» eine Tat verlügt und verleugnet, die im Symbol des «vergoldeten Fingers» unabtrennbar zu seinem Ich gehört. Daß es trotz aller Verbote das Wagnis einging, seine eigene Sexualität zu entdecken, mag man u. U. als eine mutige Tat anerkennen; aber daß es aus Angst, die Liebe seiner Mutter zu verlieren, nicht mehr wagt, zu seiner eigenen Tat und damit zu sich selbst zu stehen, macht sein ganzes Leben zu einer Lüge, und dieser «Ausweg» der Angst kann, je länger er dauert, sich nur immer mehr als eine Sackgasse erweisen. Die Lüge löst nicht, sondern verewigt den Teufelskreis von Angst und Schuld. Nur: wie sollte ein 14jähriges, 18jähriges Mädchen unter diesen Umständen anders handeln? Es müßte, um wahrhaftig zu sein, die eigene Mutter (bzw. den eigenen Vater) der Lüge und Unwahrhaftigkeit zeihen; es müßte erklären, daß die «Mutter Gottes» mit ihren Idealen sich selbst betrügt und kein Recht hat, ihr eigenes ungelebtes Leben der Tochter als Pflicht aufzuerlegen; daß man Verständnis und Dankbarkeit für die Mühe und das Glück zeigen kann, das die «Mutter Gottes» unter schwierigsten Umständen trotz allem ihrer Tochter geschenkt hat, aber daß es nicht angeht, sich selber moralisch zu opfern, um die moralische Selbsteinschränkung der Mutter zu rechtfertigen oder doch zumindest nicht in Frage zu stellen. Kein Kind, kein Mädchen vermag so zu einer Mutter zu sprechen, die es verehrt (hat) wie eine Himmelskönigin. Eher wird es selber lügen, als das Leben der geliebten Mutter eine Lüge zu nennen, und so geht die wechselseitige Ergänzung im Leben von Mutter und Tochter auf unglückselige Weise weiter; denn fortan muß die Tochter mit dem Unglück seiner Verlogenheit und Verborgenheit der Mutter beweisen, daß diese im Recht ist. M. a. W.: die Mutter, die so streng die Lüge ihrer Tochter straft, hat ein großes Interesse, belogen zu werden. Gleichwohl braucht die «Mutter Gottes» in ihrer strafenden Verurteilung nur noch auszusprechen, was das «Marienkind» selbst am meisten fühlt: daß es gerade infolge seiner Unwahrhaftigkeit die Einheit mit seiner Mutter bzw. mit seinem Gewissen, den Zustand des «Himmels», endgültig verwirkt hat. Dennoch muß man noch einmal beachten, daß das, was man «Lüge» nennt, im Leben des «Marienkindes» infolge gerade seiner besten Kräfte: seines Schamgefühls und seiner Moralität, obschon in Angst zustande kommt. Oft genug ist ja die «Lüge» nur das Bekenntnis zu einem Ideal, das man nicht erreichen kann, das man aber unbedingt glaubt leben zu müssen, um lebensberechtigt zu sein, bzw. es ist die Lüge das Ergebnis eines Ideals, das in sich selbst verlogen ist, ohne daß man die Möglichkeit besäße, es von sich selbst her zu korrigieren; und statt einem Menschen seine «Lüge» vorzuwerfen, käme es vielmehr darauf an, ihn in seiner Wirklichkeit so lieb zu gewinnen, daß er den Mut zur Wahrheit findet; gerade das aber vermag die «Mutter Gottes» nicht, und so zwingt sie ihre Tochter zu einer Lüge, die ein beredtes Zeugnis ablegt von der Tragik des moralisch guten Willens im Status der Angst und des Schuldgefühls[33]. Wenn irgend jemand bisher noch denken mochte, die Haltung der «Mutter Gottes» zu ihrer Tochter sei an sich harmlos, gutmütig und aller Anerkennung wert, so wird er spätestens an dieser Stelle, angesichts der verheerenden Folgen chronischer Verlogenheit und schamvoll-peinlicher Verlegenheit im Leben des «Marienkindes», unzweifelhaft eines Schlimmeren belehrt werden. Indessen wird der Kreis der Leser möglicherweise inzwischen in zwei recht verschiedene Lager gespalten sein.

Die einen werden, nach dem Vorbild der «Mutter Gottes» und der «Englein», verschreckt und empört sein, daß das Problem der Onanie überhaupt in dem vorliegenden Beispiel zum Thema einer Märcheninterpretation erhoben wird, und sie werden, statt sich die Problematik einzugestehen, insbesondere auf die Gefahr hinweisen, die der Moral von Kindern und Jugendlichen durch derartige Betrachtungen erwachsen könnte. Ihnen muß man – leider – sagen, daß das Märchen vom «Marienkind» selbst, entgegen seiner eigenen bewußten Aussageabsicht als einer Legende, in psychologischer Betrachtung auf erschütternde Weise den Schaden dokumentiert, den Kinder davontragen müssen, wenn man sie voll guten Willens und doch voll eigener Angst bedingungslos auf ein Ideal der «Jungfräulichkeit» festlegt, das nicht der Integration, sondern nur der angstvollen Abwehr der eigenen sexuellen Triebkräfte dienlich sein kann. Zwar sind wir noch lange nicht am Ende des Leidensweges eines echten «Marienkindes» angelangt, aber es ist doch bereits deutlich, wie das Klima einer bestimmten Form von religiöser Enge, von Bigotterie und Prüderie, das ganze Leben eines heranwachsenden Jungen oder Mädchens in bittere Selbstvorwürfe, suchtartige Fixierungen, ohnmächtige Abwehrkämpfe und schließlich in das Gefühl unentrinnbarer Verlorenheit in Lüge, Angst und Schuld deformieren kann.

Andere wird es geben, die nur schwer verstehen können, daß es derartige sexualfeindliche Einstellungen wie die der «Jungfrau Maria» überhaupt noch geben soll, und sie werden geneigt sein, das Märchen bzw. die Legende vom «Marienkind» als eine restlos verstaubte Stilblüte der viktorianischen Ära beiseitezuschieben. Ihnen muß man entgegenhalten, daß es vor allem im Raum der katholischen Kirche, aber keineswegs nur dort, nach wie vor ungezählte «Marienkinder» gibt, die zu ihrer Rolle als Frau oder Mann, wenn überhaupt, nur durch ein Getto unsäglicher Schuldgefühle finden. Ganz wie in dem Märchen vom «Marienkind» glaubt man immer noch, daß heranwachsende Jungen oder Mädchen an sich «unschuldig» seien und am besten vor den Verlockungen sexueller «Ausschweifungen» bewahrt werden müßten; die ausgesprochene Anpassungsfähigkeit, Gutwilligkeit und entgegenkommende Freundlichkeit der «Marienkinder» vermag auch durchaus den Eindruck einer solchen problemlosen Kindheit und Jugendzeit zu erwecken, und die aus unbewußter Angst geborene Verdrängung jeder sexuellen Regung kann in der Tat so weit gehen, daß die vermeintlich «Begnadeten» unter den «Marienkindern» auch subjektiv anscheinend keinerlei Schwierigkeiten mit ihrer Sexualität verspüren. Zumal wenn die Gestalt des Vaters in der gezeigten Weise als roh, primitiv, ängstigend, unfähig oder schwächlich empfunden wurde, kann die Bindung insbesondere der Mädchen an die Mutter – vor allem, wenn diese zudem noch narzißtisch, gütig-fordernd bzw. fürsorgend-verschlingend genug ist – jede Beziehung zu anderen Männern frühzeitig unterbinden, und innerhalb eines bestimmten geistigen Milieus, das nicht wahrhaben will, welche charakterlichen Schäden schwere sexuelle Verdrängungen anrichten müssen, mögen solche Entwicklungsrichtungen womöglich sogar als wünschenswert begrüßt und gefördert werden. Was aber geschieht, wenn viel später, vielleicht mit 30 oder 35 Jahren, z. B. anläßlich einer zufälligen «Freundschaft, eine Ordensschwester, ein angesehener Pfarrer oder eine unbescholtene Ehefrau die lang aufgestauten Triebenergien wie einen Katarakt über sich hereinbrechen sieht? Dann werden darartig vehement und plötzlich sich meldende Bedürfnisse, entsprechend der ideologisch vorgefaßten Meinung, gern als bedauerliche Schwäche der menschlichen Natur, keinesfalls aber als Widerlegung einer überspannten und in sich verlogenen Art von Moralität gewertet, und immer wieder findet die «Mutter Gottes» dann ihr Opfer[39]. Unmittelbar in die Rolle des «Marienkindes» werden von Anfang an besonders diejenigen unter ihren «Pflegekindern» gedrängt, die schon in der Pubertät – oder bereits als Kinder im Grundschulalter – den Mut aufbrachten, ihrer Sehnsucht nach Liebe und Leben, wenn auch noch so verborgen, wenigstens «einen Spalt breit» Raum zu gewähren. Über ihr Leben fällt unter der Herrschaft der «Mutter Gottes» der Frost, kaum daß die ersten Blüten sprießen könnten.

Vielleicht machen sich nicht einmal diejenigen, die es offiziell so verkünden, eine Vorstellung davon, was in der Seele eines neun, zwölf oder vierzehn Jahre alten Mädchens vor sich geht, das sich bestimmter heimlicher Blicke, Gedanken oder Berührungen wegen allen Ernstes, wie es die Kirche lehrt und gelehrt hat, als im «Zustand der schweren Sünde» befindlich glauben muß und sensu stricto dazu angeleitet wird zu denken, es werde für ewig in die Hölle kommen, wenn es seine «schlimmen Fehler» künftig nicht bereue und wiedergutmache. Besonders schlimm gestaltet sich die Lage eines solchen «Marienkindes», wenn es selbst in endlos wiederholten Beichten, wie immer wieder glaubwürdig in der Psychotherapie berichtet wird, nicht einen einzigen Priester, Lehrer oder Vorgesetzten gefunden hat, der ihm die Angst davor hätte nehmen können, einmal eine richtige Frau (bzw. ein richtiger Mann) zu werden. Unter dem Ideal der «Madonna» müssen vor allem die Mädchen infolge des jedermann sichtbaren Gestaltwandels ihre Schönheit, so gut es geht, verleugnen und wegdrücken; sie müssen sich hassen für das, was liebenswert an ihnen ist, sich verachten für das, was beachtenswert, und sich schämen für das, was fraulich an ihnen ist und seiner Vollendung entgegenreifen möchte. Manche von diesen «Marienkindern» findet man später als Nonnen in einem Kloster wieder, wo sie in wörtlichem Sinne ihr Leben der «Mutter Gottes» unterstellen; andere wagen zwar den Sprung in die Ehe, aber nur, um als freudlose Pflicht auferlegt zu finden, was als Freude zuvor pflichtweise verboten war[40]. Wer ahnt das Maß der masochistischen Selbstquälereien, asketischen Peinigungen und büßenden Selbstbestrafungen, die insbesondere den «gefallenen» bzw. «fallengelassenen» «Marienkindern» auferlegt

sind? «Als ich im Alter von ca. 9 Jahren damit begann, mich selber zu befriedigen», äußerte in der Therapie z. B. ein solches «Marienkind», «wußte ich nicht, was ich tat, und kannte auch noch keinen Namen dafür. Es war zu der Zeit, wo es für mich feststand, daß ich eines Tages in einen Orden eintreten würde (d.h., die Schuldgefühle unbewußt eine ewige Wiedergutmachung durch Verzicht und Buße forderten, d. V.). Ich muß doch wohl gewußt haben, daß die Selbstbefriedigung etwas Schlechtes darstellt, denn ich habe mich gleichzeitig für mein Tun bestraft, indem ich mir z. B. eine Kordel so fest um die Taille schnürte, daß es weh tat; dabei stellte ich mir vor, daß ich diese schönen wie schmerzhaften Gefühle Gott darbrachte. Weil die Tätigkeit keinen Namen für mich hatte, war sie trotzdem für mich wie nicht vorhanden. Überhaupt war ich in dem Punkt, der die Sexualität betraf, so dumm, daß ich die Witze von Gleichaltrigen nicht begriff, und ich fühlte mich von ihnen ausgeschlossen. Man sprach in meiner Gegenwart nicht von solchen Dingen, man lachte nur über mich, ohne daß ich wußte, warum.»

Eine solche sehr ehrliche und aufrichtige Mitteilung, die für unzählige andere stehen mag, beschreibt neben den angstbesetzten Erniedrigungen der Liebe die größte Schwierigkeit im Leben der «Marienkinder»: ihre *Unfähigkeit, von sich zu reden*. Gerade das Erlebnis der «Sprachlosigkeit» stellt das Märchen vom «Marienkind» in das Zentrum der ganzen nachfolgenden Problematik, und es hat absolut recht damit. Man kann aus Angst gegenüber der «Mutter» die Wahrheit nicht äußern – das ist der Hintergrund der *Lüge;* aber die «Mutter», die den «Himmel» verschließt, begegnet in der Folgezeit in jedem anderen Menschen wieder, und am Ende der angstbesetzten Lüge steht stets und unausweichlich der Rückzug in die Doppelbödigkeit des Schweigens und *Verstummens*[41]. Niemandem kann man im Umkreis der Angst in Zukunft mehr zutrauen, daß er verstehen würde, in welch einem Zwiespalt von tödlichem Schuldgefühl und ohnmächtigem gutem Willen man lebt. «Seit meinem 8. Lebensjahr», erklärte ein anderes «Marienkind» in einem Rückblick von über 35 Jahren, «stand es mir fest, verloren zu sein. Wenn ich des Sonntags mit der Familie zur Kirche ging, wußte ich, daß ich unwürdig die Kommunion empfing; natürlich durfte ich niemandem etwas davon sagen, weder dem Priester noch meiner Mutter, niemandem. Wenn die anderen beim Mittagessen lachten, wenn sie feierten oder wenn ich Geburtstag hatte – immer fühlte ich mich ausgestoßen und eigentlich nicht dazugehörig. Des Nachts, bevor ich einschlief, legte ich mich auf meine Hände, um nichts Böses zu tun; tagsüber bemühte ich mich, freundlich und fleißig zu sein, aber innerlich wich niemals das Gefühl, in die Hölle zu gehören.» Um ihre Schuld wiedergutzumachen, trat diese Frau mit 18 Jahren in einen Orden ein, aber obwohl sie dort Hervorragendes leistete, vermochte sie ihr Grundgefühl, verdammt zu sein, niemals wirklich zu korrigieren. Der Grund für die Hartnäckigkeit ihrer Angst- und Schuldgefühle lag in der Unfähigkeit, über ihre vermeintliche Sünde auch nur zu sprechen, und eben diese «Sprachlosigkeit» ist ein wesentliches Kennzeichen der «Marienkinder». Das Tabu der 13. Pforte, das ursprünglich jedes Betrachten und Berühren sexuellen Inhaltes verbot, wandelt sich nach seiner Übertretung zu einem Sprechtabu; der gesamte Themenbereich, angst- und schuldgeschwängert wie er ist, gilt fortan buchstäblich als etwas «Unaussprechliches»[42], und dieser Abbruch jeder verbalen Kommunikation, diese Isolation in Verstummen und Schweigen, schafft und bestätigt immer wieder den Eindruck, unter lauter «Engeln» und «Heiligen» das einzige schwarze Schaf zu sein. Wäre es nur ein einziges Mal möglich, ein offenes Gespräch zu führen, so würde man bald mit Erleichterung feststellen können, wie einfachhin menschlich und normal das nur in der Wertung der «Mutter Maria» so furchtbar erscheinende Tun in Wirklichkeit ist. Wer jedoch sich mit den Augen der «Mutter Gottes» wie ein «gefallener Engel», wie ein vom Teufel Besessener vorkommt, kann und darf sich nicht mitteilen. Das Dämonische ist das Stumme – diese Erkenntnis S. Kierkegaards[43] trifft den Kern dieser entsetzlichen Ichabgeschlossenheit und stummen Einsamkeit der «Marienkinder».

In ergreifenden Bildsymbolen schildert das Märchen vom «Marienkind» des näheren den Zustand, in dem das Mädchen sich nach seiner jähen Vertreibung aus dem «Himmel» vorfindet. Aufgrund seines wohlangepaßten Gehorsams bislang auf Händen getragen, muß es jetzt erleben, daß die uralte Angst sich bewahrheitet, im Grunde «verstoßen», ungeliebt und von allen verlassen zu sein. Sein Leben verbringt es wortwörtlich wie in einem «langen Schlaf» – eine Zeit des traurigen Verdämmerns inmitten eines Feldes von Unbegreifbarkeiten beginnt, eine Phase bleierner Müdigkeit und Niedergeschlagenheit, die immer wieder um das Gefühl kreist, die Liebe der «Mutter Gottes», die Anerkennung seiner eigenen moralischen Persönlichkeit für immer verloren zu haben. Im Grunde wird das Leben des «Marienkindes» jetzt zu einem einzigen langgezogenen Hilferuf[44], aber es ist ein Schrei ohne Worte, ein Weinen ohne Tränen, und niemand kann von außen seinen wirklichen Zustand auch nur ahnen, so gut versteckt es sich hinter allen möglichen Masken, von denen die Rolle der Fröhlichkeit, der Freundlichkeit, der «Spontaneität» und der gesellschaftlich angepaßten Gewandtheit gewiß nicht die seltenste ist. Die meisten «Marienkinder» findet man im Umkreis derer, die ständig in «fröhlicher Gesellschaft» sind, und das Leben in ständiger «Gemeinschaft» ist stets die beste Tarnung ihrer Einsamkeit.

In Wahrheit umgibt das «Marienkind» eine «dichte Dornenhecke», die jede ernstgemeinte Bindung verhindert. Auch dieses Bild ist außerordentlich zutreffend. Denn jeder, der einem «Marienkind» näherkommt, wird erleben, daß er sich von einer bestimmten Grenze der Beziehung an in einem undurchdringlichen und undurchsichtigen Gestrüpp von Vorwänden und Einwänden verhakt, die keinen tieferen Kontakt zustande kommen lassen. Kontakt – das würde ja für das «Marienkind» bedeuten, in seiner «Schuld» entdeckt zu werden und damit erneut alle Liebe verlieren zu müssen; wohl träumt es in seiner Einsamkeit von Liebe, aber es flieht sie sogleich, wenn sie sich zu verwirklichen «droht», und es gibt aus diesem Hin und Her, dieser Flucht in alle Richtungen, kein Entrinnen. Die angstvolle Unaufrichtigkeit moralischer Strenge durchtränkt sein ganzes Leben mit dem Gift der Unwirklichkeit und des Scheinlebens, einer ständig bemühten «Als-ob-Fassade»[45], hinter der die eigene Armseligkeit sich bis ins Verzweifelte zu tarnen sucht. «Einöde» und «Eingeschlossenheit» kennzeichnen aufs Wort dieses entfremdete Dasein, das unter den anderen sich selbst wie etwas «Wildes», «Tierisches» und «Asoziales» aussperren zu müssen meint – ein «jämmerliches», «verkrochenes» Leben voller Kälte und Frost, voller Schutzlosigkeit und Ausgesetztheit – ein «armes Tierchen», wie das Märchen sagt. Selbst sein Äußeres erscheint dem «Marienkind» jetzt offenbar gleichgültig und nichtig: die Kleider fallen ihm vom Leibe, aber es tut nichts zu seiner Pflege und zu seinem Schmuck. Wenn schön zu sein und den Körper einer Frau zu haben Gefahr und Sünde ist, was soll man dann anderes tun, als sich bis in die Körperpflege hinein zu vernachlässigen oder zu verunstalten[46]? Und doch: der Gegensatz im Erleben des «Marienkindes» könnte in der ganzen Folgezeit nicht krasser sein: auf der einen Seite die sehnsüchtige Erinnerung an die Zeit der kindlichen Unschuld vor dem «Sündenfall», auf der anderen Seite das schmerzhafte Bewußtsein, immer wieder, gemessen an dem Ideal der «Madonna», zu versagen. Der «Jammer und das Elend der Welt» bilden den einzig gültigen Aspekt dieses Lebensgefühls, und so gehen die besten Jahre der Jugend dahin ohne eine andere Aussicht, als daß alles so bleiben wird. Sommer und Winter mögen einander ablösen – das melancholische Einerlei von idealistisch-wehmütigen Träumen und resignierten Scheinwahrheiten im Leben des «Marienkindes» aber wird sich niemals auflösen. Ein Vegetieren, kein Leben mehr.

Die Hochzeit der Stummen

Lange kann dieses «Höhlendasein», dieses Dahindämmern auf menschlich primitivem Niveau andauern; denn es ist nirgends ersichtlich, was das «Marienkind» von sich her dazu beitragen könnte, seine Lage zu verbessern. An dieser Stelle erst zeigt sich in ganzem Umfang, wie wichtig es war, daß wir eingangs die oralen Gehemmtheiten und komplementären Verwöhntheiten des «Marienkindes» im Umkreis der «Armut» und des «Himmels» so ausführlich beschrieben haben; denn erst von daher wird die eigentümliche Passivität und traurige Lethargie verstehbar, die das Mädchen in seiner Verlassenheit jetzt ergreift.

Das «Marienkind», so haben wir vorhin gesehen, hat niemals gelernt, seine eigenen Wünsche und Vorstellungen zu verteidigen und durchzusetzen, vielmehr mußte es sich daran gewöhnen, die Ansichten und Ansprüche der anderen bedingungslos zu erfüllen, um akzeptiert und gemocht zu werden; in dem Moment nun, wo es tragischerweise nicht möglich ist, den Schritt vom gehorsam-«unschuldigen» Kind zu einer werdenden Frau rückgängig zu machen, scheitert das einzige Konzept im Umgang mit Konflikten und Schwierigkeiten, das es routiniert beherrscht. Weder hat das «Marienkind» den Mut, der «Mutter Gottes» gegenüber sich offen zu seiner Tat zu bekennen und ihre Verurteilung mindestens zu überprüfen, wo nicht durch eigenes Urteil zu revidieren, noch vermag es, reumütig von seinem geheimen «Laster» Abschied zu nehmen; eingeklemmt zwischen Triebwunsch und moralischem Anspruch, dämmert es resigniert dahin, ohne auch nur irgend etwas zu unternehmen, das seine masochistische Lage als trotzig-büßendes Opfer verbessern könnte. Bis an die Grenze der Verwahrlosung vernachlässigt es sich, und wie vordem die «Mutter Gottes», so muß nun «Mutter Natur» ihm Wohnung und Nahrung bereitstellen.

Will man das Denken des «Marienkindes» in seiner verängstigten Passivität und stummen Vereinsamung sich vorstellen, so wird man erneut die Strukturen des oral-depressiven, zum Teil auch zwanghaften Erlebens zugrunde legen müssen. Ein bestimmter Wunsch regt sich, da bricht sogleich die Angst aus, ob es in den Augen der anderen auch richtig, rücksichtsvoll, verantwortlich und akzeptabel sein kann, sich so zu geben oder zu verhalten, wie man möchte; und kaum erheben sich derartige Zweifel, da werden die Selbsteinwände, statt vom Ich her einer Kompromißlösung zugeführt zu werden, auch schon auf bestimmte Leute der Umgebung projiziert, die sich fortan aus möglichen Freunden in sichere Verfolger verwandeln. – Oder: das Betragen des Vaters, der Mutter, eines Verwandten erregt Kritik, Widerspruch und Empörung; aber statt sich für die eigene Meinung stark zu machen, verformen sich die ursprünglichen Anklagen und Vorwürfe gegen die anderen in endlose Selbstbezichtigungen, so als bestünde geradezu eine Pflicht, sich in jedem Konfliktfall als schuldig, dumm oder unfähig zu betrachten und dem anderen die Initiative zu überlassen. Ständig vergittern und vergattern die eigenen Gedanken sich unter diesen Umständen in eine undurchdringliche «Dornenhecke», die weder einen eigenen Gedanken noch ein eigenes Wort unverfälscht nach außen dringen läßt. Analytisch betrachtet, ist es dabei vor allem die Person der «Mutter Gottes», die mit ihrem strengen Urteil jede eigene Gedanken- und Gefühlsäußerung verstellt und im Grunde den Weg zu sich selbst genauso untersagt wie den Weg zu anderen. Solange dieser «Madonnenkomplex» mit seinen moralischen Überansprüchen, Ängsten, Verdrängungen und Lügen andauert, wird das «Marienkind» unter dem Mantel der

«Mutter Gottes» bzw. im Verhau der «Dornenhecke» wie eine Gefangene bleiben, und wenn es irgendeine Erlösung aus diesem Zustand geben sollte, so müßte sie schon von außen kommen. – Um so tragischer mutet es an, daß selbst dieser vermeintliche Weg einer Lösung von außen, als er im folgenden endlich beschritten wird, die innere Gefangenschaft des «Marienkindes» in gewissem Sinne noch steigert und erst endgültig zu ihrem sadistischen Höhepunkt führt.

An einem Tag im «Frühling», erzählt das Märchen vom «Marienkind», geschieht es, daß der «König des Landes» in den Wald kommt, um ein «Reh» zu «jagen», und da es ins «Gebüsch» geflohen ist, bahnt er sich mit seinem «Schwert» einen Weg, findet aber (statt des Rehs) darin verkrochen das «Marienkind». Die sexualsymbolische Bedeutung auch dieser für die Märchen typischen Sprachbilder ist nicht zu übersehen: der «jagende König» steht immer wieder für die «Nachstellungen» des Partners der Liebe, den die eigene Wertschätzung mit einer Würde, Größe und Machtfülle umkleidet, wie sie für gewöhnlich nur einem königlichen Monarchen zufiele, während das «Reh» als das anmutig-scheue Opfer der männlichen Verfolgung zu betrachten ist[47]. Damit die ganze Szene jedoch als ein psychologisch glaubwürdiges Symbol innerhalb der Entwicklungsgeschichte des «Marienkindes» denkbar ist, bedarf das Mädchen einer gewissen Veränderung seiner seelischen Einstellung. Wohl trifft es nach wie vor nicht die geringsten Anstalten, sich aus seiner Gefangenschaft zu befreien, aber es hat doch mit einemmal den Eindruck, von einem bestimmten Mann umworben zu werden. Seine ängstliche Scheu und verkrochene Schamhaftigkeit lassen ihm die Annäherungsversuche des anderen zwar wie eine tödliche Bedrohung, wie eine Verfolgungsjagd auf Leben und Tod, erscheinen; aber man kann nicht übersehen, daß die Rolle des «Rehs» zu den beliebtesten Traumvorstellungen heranwachsender Mädchen von sich selber zählt: wie schön wäre es, wenn man, kaum auf die Lichtung des Lebens getreten, einmal die Aufmerksamkeit solch eines königlichen «Jägers» erringen und ihn schon durch den bloßen Anblick zu abenteuerlichen Nachstellungen hinreißen könnte[48]? So schutzlos und ausgesetzt ein Mädchen in der Rolle des «Rehs» sich auch fühlen mag und sosehr es die Verwundung durch den Pfeil des «Jägers» an sich auch zu vermeiden trachtet, schließlich käme die «Jagd» nicht zustande, wenn das «Reh» aus Neugier und Verlangen nicht seine Angst besiegen und das Risiko wagen würde, sich ins offene Leben zu getrauen. Freilich geschieht dieser Schritt nicht bewußt – es ist nur die Tiergestalt des eigenen Ich, das Nagual gewissermaßen[49], das sich dem abenteuerlichen Spiel der Liebe zwischen Anziehung und Verfolgung, zwischen Wunsch und Angst auszusetzen wagt; zudem geht es im Falle des «Marienkindes» durchaus nicht so zu wie etwa im Märchen von «Brüderchen und Schwesterchen», wo das «Brüderchen» (das alter ego des

«Schwesterchens») gerade wegen seiner Verzauberung durch die dämonische Mutter gar nicht genug bekommen kann von Jagd und Jagdgeschrei[50]. Gleichwohl ist dem «Marienkind» bei aller Verkrochenheit, Verschwiegenheit und Einsamkeit die Natur des «Rehs» nicht gänzlich abhanden gekommen, und glücklicherweise, anscheinend, findet sich denn auch eines Tages ein Jäger, der seiner Spur nachzusetzen vermag.

Wie aber dringt man durch die «Dornenhecke» des «Marienkindes»?

In dem Märchen von «Brüderchen und Schwesterchen» stellt sich die Aufgabe relativ leicht: dort bringt ein «Jäger» des «Königs» in Erfahrung, mit welchen Worten das Schwesterchen die Rehgestalt seines «Brüderchens» in seinem «Hause» empfängt, und indem der «König» diese Worte nachspricht, öffnet ihm das Schwesterchen zwanglos die Tür; der Zugang zu der rehscheuen Schönen erschließt sich m. a. W., sobald man die Sprache ihres Herzens vernommen, verstanden und sich zu eigen gemacht hat. Wie aber, wenn die «Stummheit» der Geliebten, wie im Märchen vom «Marienkind», in allen wichtigen Angelegenheiten den Zugang von vornherein versperrt?

Wer einmal genauer betrachtet, wie Menschen «normalerweise» in der «Ehe» zueinander finden, wird seines Lebens als Menschenfreund wohl niemals wieder froh. Man mag es als das rechte Zeichen eines echten Mannes rühmen, daß der «König» mit seinem «Schwert» sich «einen Weg» durch das «Gestrüpp» bahnt – ein Bild, das tiefenpsychologisch von solcher Direktheit ist[51], daß man unausweichlich an eine Art von Vergewaltigung denken muß. Gewiß, nur so scheint der «König» an das «Mädchen» «heranzukommen»; aber es gäbe auch einen weniger forsch-«männlichen» Weg, dem «Reh» zu folgen: man brauchte nur seine Spur aufzunehmen und würde sicher bald merken, wo die «Dornenhecke» einen gewaltfreien Einlaß bietet – an non-verbalen Signalen böte das «Marienkind» gewiß genügend Zugangswege an. Gleichwohl scheint der «König» mit seiner Dragonermentalität zunächst sehr erfolgreich zu sein, und man wird seiner staunenden Bewunderung angesichts der Schönheit des Mädchens eine gewisse Liebe nicht absprechen können. Immerhin ist er offenbar ehrlich bemüht, das Mädchen in seiner Einsamkeit näher kennenzulernen, wenngleich er dieses Bemühen schon bei der ersten Schwierigkeit wieder einstellt. «Wer bist du?» – diese Frage sollte als die wichtigste, beharrlichste, zärtlichste und behutsamste aller Fragen die Liebe zweier Menschen tagaus, tagein begleiten. Hier indessen stellt der «König» sie nur wie im Vorübergehen; auch seine Verwunderung über den Kontrast zwischen der Schönheit und der Zurückgezogenheit des «Marienkindes» bringt ihn keinesfalls auf die Fährte eines tieferen Nachdenkens über den Angsthintergrund im Erleben der Geliebten. Die Feststellung, daß das Mädchen «stumm» ist, genügt ihm, um zur «Tat» zu schreiten, indem er das «Marienkind» wegen seiner «holdseligen Schönheit» auf dem Arm in sein Schloß trägt, woselbst er ihm «alles im Überfluß» zur Verfügung stellt und sich kurz danach schon mit ihm vermählt. Wie schön für die arme Holzhackerstochter, soll der Leser des Märchens wohl denken; wer aber bisher aufmerksam dem Gang der Handlung gefolgt ist, wird sich über das weitere Schicksal der jungen Braut keine allzu optimistischen Vorstellungen machen können.

Im Grunde ist *die Motivwahl* des Märchens an dieser Stelle glaubwürdiger als seine verbale Darstellung. Die Bilder von der Jagd auf das «Reh», von der im Dornenbusch eingeschlossenen Schönen mit den goldenen Haaren sowie von dem späteren Raub der Kinder entstammen allesamt der stets unglücklichen «Liebesgeschichte des Himmels»[52], die in den alten Mythen gern davon erzählt, wie Sonne und Mond in ihrer Liebe einander immer wieder suchen und sich nach einander sehnen, ohne jemals wirklich zueinanderfinden zu können; denn je näher der Sonnengott der Mondgöttin kommt, desto mehr verliert diese an Glanz, bis sie sich mit der goldenen Pracht ihrer Haare endgültig in das dunkle Versteck des Himmels zurückzieht. Gerade nach dem Vorbild einer solchen unglücklichen Liebe wird man sich die eigentliche Wahrheit in der Beziehung zwischen dem «König» und dem «Marienkind» denken müssen. Denn wohl schildert das Märchen den Worten nach ein vollendetes Eheglück, und äußerlich betrachtet mag das Arrangement dieser Ehe auch in der Tat einen sehr zufriedenstellenden Eindruck hinterlassen; aber schon bald werden die Unstimmigkeiten und Widersprüche in dem Verhältnis dieses sonderbaren Liebespaares ihre tragische Wirkung entfalten.

Das schließt nicht aus, daß das «Marienkind» nach der langen Zeit der Einsamkeit und Ausgesetztheit sich subjektiv bei seiner Heirat mit dem «König» zunächst am Ziel seiner kühnsten Wünsche wähnen muß. Endlich darf es hoffen, den verlorenen «Himmel» der «Mutter Gottes» auf Erden wiedergefunden zu haben, und zwar ohne daß sich an seiner passiven Grundeinstellung irgend etwas hätte ändern müssen. Im Gegenteil, es wird dem «König» geradezu schmeicheln, die Rolle des Retters und allmächtigen Mäzens gegenüber seiner Frau so unangefochten und souverän einnehmen zu können: je abhängiger das «Marienkind» in seiner Armseligkeit sich von dem königlichen Wohlwollen seines Gatten fühlt, desto gönnerhafter und «königlicher» vermag dieser aufzutreten; das «Marienkind» selbst hingegen wird froh sein, ohne aktives Bitten und Wünschen, ganz wie im «Himmel» der «Madonna», alles nur erdenklich Schöne wie von selbst erhalten zu können, und unbemerkt wiederholt sich zwischen «König» und «Königin» auf diese Weise die gleiche Beziehung, wie sie zwischen dem «Marienkind» und der «Mutter Gottes» bestand. Unter der «himmlischen» Decke oraler Verwöhnung breitet sich ein Terrain von Ängsten, Schuldgefühlen und Gehemmtheiten aus, das nach wie vor nicht wirklich aufgearbeitet ist. Ein auf-merksamer Beobachter müßte daher erneut feststellen, daß das «Marienkind» seine Liebe sich mit entgegenkommender Unterwürfigkeit und wohlangepaßter «Holdseligkeit» erkauft – seine «Stummheit» hat schließlich auch die Bedeutung, daß es seinem «König» niemals widersprechen wird, und wie bei der «Mutter Gottes» wird es voller Dankbarkeit sein müssen für all die Wohltaten, die es unverdientermaßen Tag für Tag empfängt. In der Tat: je näher der «Sonnenkönig» seiner Gemahlin zu kommen versucht, desto geringer muß diese sich selbst fühlen; aber das bemerkt der sonnengleich entflammte «König» nicht.

Es ist nach all dem Gesagten indessen gewiß nicht nur die Ebene oraler Gehemmtheiten, die das Verhältnis zwischen dem «Marienkind» und dem «König» im Untergrund problematisch gestaltet; überlagert wird die orale Problematik durch die Ambivalenzkonflikte des sexuellen Triebbereiches.

Auf der einen Seite stellt die Heirat mit dem «König» zunächst unter anderem wohl auch eine Art Beruhigung gegenüber der Angst dar, sexuell zu verwahrlosen. Das eigentliche Problem der Onanie, an dem das «Marienkind» chronisch leidet, liegt ja nicht in der sexuellen Betätigung selbst, sondern in der Überwertigkeit und Grenzenlosigkeit der Phantasie, die nicht nur eine enorme Verwöhnung gegenüber der Realität ermöglicht, sondern, nicht ganz zu Unrecht, auch die Angst zu vertiefen vermag, sexuell sich selbst immer mehr zu entgleiten[53]. Insofern mag der Rat des Apostels in solcher Lage wie eine Weisung des Himmels erscheinen, es sei «besser zu heiraten als zu brennen» (1 Kor 7,9). So egozentrisch ein solches Heiratsmotiv auch immer erscheinen mag – man kann die Hoffnung gut verstehen, endlich den inneren Kampf, das ständige Auf und Ab von Widerstand und Vergeblichkeit, hinter sich lassen zu können. Wofern die Onanie es fertigbringt, durch die Totalverurteilungen des Madonnenideals das Vertrauen in die eigene moralische Persönlichkeit gründlich genug zu unterminieren, wird die Flucht in die Ehe einen Moment lang als eine überzeugende Antwort auf das Gefühl einer fortschreitenden sexuellen Verwahrlosung erscheinen können. *Auf der anderen Seite* aber wird man erleben, daß diese Beruhigung nicht wirklich trägt, sondern sich alle Konflikte vor der Ehe auch in der Ehe noch einmal wiederholen müssen.

Gerade in der Überschätzung des königlichen Ehegemahls als eines Garanten oraler und sexueller «Sicherheit» nämlich ist der tragische Konfliktpunkt dieser Angstbindung des «Marienkindes» an den «König» bereits von vornherein angelegt. Ohne Zweifel lebt in dem «König» nicht nur die Gestalt der «Mutter Gottes» wieder auf, sondern es verdichten sich in ihm auch die Erinnerungen an den eigenen Vater. So wie die Mutter mit ihrem «Madonnenideal» sich von ihrem Mann abwandte und zugleich ihre Tochter von ihrem Vater entfremdete, so muß auch das «Marienkind» seinen Gatten auf höchst widersprüchliche Weise erleben. Wohl kommt ihm unter anderem auch die Aufgabe zu, das «Marienkind» aus seiner sexuellen Bedrängtheit zu befreien, aber kaum daß er diesem Anspruch nachzukommen sucht, wird er, gemessen an dem Vorbild der «Jungfrau Maria», zu einem Verführer und Unhold bzw. zu einem Nachfahren des «Holzhacker»-Vaters. Die einzige Liebe, die das «Marienkind» bisher erfahren hat, war eben die Liebe der «Mutter Gottes», und so muß es zwangsläufig der Vorstellung folgen, daß man es nur lieben könne, wenn es mit dem jungfräulichen Ideal der «Madonna» übereinstimme.

Statt also aus der Ambivalenz des sexuellen Erlebens herausgeführt zu werden, gerät das «Marienkind» durch seine Heirat im Gegenteil in eine noch viel widersprüchlichere Lage, als sie zuvor bestand: es muß dem «König» gegenüber fortan zwei völlig unvereinbare Rollen vorspielen, indem es sowohl die «Reinheit» der «Madonna» als auch die Vitalität einer verheirateten Frau an den Tag legen muß; wie die «Jungfrau Maria» muß auch das «Marienkind» das Widerspruchsideal der «jungfräulichen Mutter» zu verkörpern suchen, und sein Dilemma ist es, daß keine der beiden Seiten dieses Ideals wirklich stimmt. Wenn der «König» von dem «Marienkind» «Liebe verlangt», muß es eine Hingabefähigkeit und ein Glück vorspielen, die schon deshalb der Wahrheit nicht entsprechen können, weil sie nur als erzwungene Rollen, auf Kommando von außen, dargestellt werden; umgekehrt darf eine eigene Gefühlsregung gar nicht gezeigt noch zugegeben wer-

den, weil sonst wiederum das Ideal der jungfräulichen Unberührtheit verletzt würde. Beide Rollen müssen gespielt werden, weil nur beide gleichzeitig in der Sicht des «Marienkindes» eine gewisse Liebenswürdigkeit seitens des «Königs» ermöglichen helfen; aber in dem Widerspruch beider findet das «Marienkind» selber sich nicht zurecht, und die kompromißlose Härte dieses Gegensatzes schafft immer neue Frustrationen, Ängste und Schuldgefühle. Da es fiktiv beides zugleich sein muß: Madonna wie Ehefrau, verurteilt das «Marienkind» sich dazu, keins von beidem wirklich zu sein. M. a. W.: die «alte» «Lüge» setzt sich fort.

Das Schlimmste an all dem aber ist die vollkommene «Stummheit», in der die innere Unwahrhaftigkeit des «Marienkindes» sich niederschlägt. Man kann verstehen, daß der «König» seine Gemahlin äußerlich mit allem nur erdenklichen Komfort ausstattet und versorgt – schließlich bestätigt und bestärkt dieses Gehabe seine monarchische Machtfülle gegenüber dem «Marienkind» außerordentlich und verleiht ihm das narzißtische Gefühl, als «Retter» und «Wohltäter» ein wirklich guter und treusorgender Gatte zu sein; aber was man menschlich nicht verstehen kann, ist die Tatsache, daß dieser «König» von einem Ehemann sich offenbar vollkommen damit zufrieden gibt, daß seine Gattin «stumm» ist. Allem Anschein nach genügt es ihm, zu sehen, wie ausnehmend schön seine Gemahlin ist, und wo er noch spürt, wie entgegenkommend und fügsam sie außerdem sich

gibt, gilt ihm die Sache für ausgemacht: er «liebt» sie. Nur: was ist das, muß man sich fragen, für eine Art von Liebe, die sich außerstande zeigt, die Seele der Geliebten zum Sprechen zu bringen? Und was ist das für eine «Fürsorge», die sich so oberflächlich und hohl im Äußerlich-Alltäglichen vergeudet? Und welch eine Art von Paschatum geriert sich hier, wenn dieser «Königsgatte» es nicht nötig findet, auch nur ein Stück weit die Angst herauszuspüren, die den Hintergrund der «Stummheit» seiner Gattin bildet? Zugegeben: das «Marienkind» macht es ihm nicht gerade leicht, der Wahrheit seiner Lügen auf die Spur zu kommen; aber das naßforsche «Jägertum» des «Königs», die Art, wie er mit dem «Schwert» das «Gebüsch durchdrang», und der rasche Zugriff seines Heiratsentschlusses zeugen allesamt von einer Ungeduld und Grobheit der Empfindungen, daß man beim besten Willen nicht absieht, wie dieser Mann das nötige Vertrauen seiner Gattin erringen könnte oder auch nur wollte.

So bleibt nichts übrig, als daß «König» und «Königin» die «Stummheit» gewissermaßen zur Grundlage ihrer Ehe nehmen[54]: das *Marienkind»*, weil es viel zu resigniert und verängstigt ist, um sich auch nur entfernt vorstellen zu können, man würde es in den «Himmel» der Liebe (wieder) aufnehmen, wenn man von dem Unheil des «goldenen Fingers» erführe; der *König»*, weil er im Grunde gar nichts anderes will, als eine Frau zum Repräsentieren, zum Kuscheln und zum Kuschen – auf jeden Fall kein «Problemmädchen». Das «Marienkind» ist froh, seine Vergangenheit verschweigen zu können, der «König» ist froh, vermeintlich seine Ruhe zu haben; so oder so erleben wir mithin eine Ehe von Analphabeten, mit allem Pomp und fürstlichem Gepräge nebst all dem unausgesprochenen Unglück und stummen Leid, das zu einer solchen «Ehe» gehört. Nur: wo eigentlich reden Eheleute so miteinander, daß ihr Wort den verschlossenen Mund wieder öffnet und der ängstlich verborgenen Vergangenheit ihre Unschuld zurückgibt? Und wo findet man Formen des Umgangs und der Liebe, die den anderen nicht in den eigenen Machtbereich einzwängen, sondern sein geheimes Königtum an den Tag bringen? Erst eine Liebe, die so stark ist, daß sie den anderen gegen alle Angst froh macht darüber, leben zu dürfen, und gegen alles Schuldgefühl beruhigt darüber, eine Frau (oder ein Mann) zu sein, verdient es, daß man ein Leben zu zweit darauf gründet. Aber für gewöhnlich ist die Egozentrik der Angst und der Narzißmus der Schuldgefühle stärker, und das Portrait einer «Hochzeit der Stummen» besitzt eine Realitätsschärfe von grausamer Prägnanz.

Die Rückkehr der «Madonna» oder: das erzwungene Geständnis

In der Magie mag die abergläubische Regel gelten, daß man heraufbeschwört, wovon man spricht. Im menschlichen Leben gilt umgekehrt, daß man gewiß heraufbeschwört, wovon man nicht zu sprechen wagt. Alles kommt wieder, was man vergessen will, statt es durch Arbeit zu erledigen, und so bietet das Schweigen des «Marienkindes» gegenüber seiner Vergangenheit die sichere Gewähr dafür, daß alles, was war, sich unvermeidbar wiederholen muß.

Virulent wird die bittere Hypothek des «Marienkindes» bezeichnenderweise nicht eigentlich in seiner Beziehung zu dem «König» – es bleibt in der Tat erstaunlich, wie sehr das Märchen sich die «Ehelegende» selber einzureden versucht, die «Hochzeit der Stummen» eröffne einen Raum vorbildlicher Liebe, verzeihenden Verständnisses und vollendeter Harmonie. Offenbar vermögen das «Marienkind» und der «König» ihre Arrangements des Vordergrundes wirklich bravourös zu spielen, und alles würde wohl tatsächlich auf unabsehbare Zeit so weitergehen können, wenn nicht nach einem Jahr schon die Ankunft eines Sohnes die Lage völlig ändern würde.

In vergangenen Zeiten bedeuteten viele Kinder, vor allem Jungen, den Stolz einer Frau; an sich wäre daher nichts Ungewöhnliches an dem Umstand, daß das «Marienkind» gleich vom Beginn seiner Ehe an Jahr für Jahr ein neues Kind zur Welt bringt. Und dennoch wird man den Verdacht nicht los, als wenn der neuen «Königin» an einer reichen Kinderschar weit mehr gelegen wäre als an der Beziehung zu ihrem Gemahl. Mit ihrem Mann auch nur ein einziges Wort zu reden, ist schlechterdings unmöglich; was Wunder also, wenn das «Marienkind» in seiner glänzend dekorierten Einsamkeit sich nach Kindern sehnt, die es schon wegen ihrer «Unschuld» ungehemmter, weil unbelastet von Schuldgefühlen, lieben kann, während die Beziehung zu dem «König» unter dem Anschein einfachen Glücks sich «unaussprechlich» kompliziert gestaltet; außerdem kann der Kindersegen mit seinen Gefahren, Ängsten und Schmerzen ein Stück weit die Schuldgefühle und Selbstvorwürfe wirksam beruhigen, die das Zusammensein mit einem Mann dem «Marienkind» unweigerlich bereiten muß, solange es an dem Ideal der «Madonna» festhält. Ohne es zu merken, wählt die junge Braut mithin bald schon den gleichen Ausweg aus der stillen Krise ihrer Ehe, den wir auch bei der «Mutter Maria» vermuten mußten: sie ersetzt die Liebe zum Gatten durch die Liebe zu den Kindern, um bei ihnen die Zuneigung und Zärtlichkeit zu binden und zu finden, die sie bei ihrem Gemahl so sehr vermißt, und unvermerkt bringt sie damit ihre Kinder in die gleiche Situation, in der sie selber sich als Mädchen gegenüber der «Mutter Gottes» befand.

Das Hauptproblem jeder Kindererziehung besteht darin, daß alle Eltern einmal Kinder waren und, ob sie es wollen oder nicht, ihre eigenen Kinder zunächst genauso behandeln, wie ihre Eltern es getan haben. Gerade die besonders wohlmeinenden und verantwortlich denkenden Eltern stehen in der Gefahr, daß sie im Bestreben, das Beste für ihre Kinder zu tun, unbewußt dieselben Idealvorstellungen, Lebenserwartungen und Leistungsansprüche ihrer Erziehung zugrunde legen, nach denen auch ihr Charakter sich geprägt hat. Insbesondere unterläuft in der Art des Sprechens, in den Nuancen des Ausdrucks, in den Details des Verhaltens, wenn es «erzieherisch» wirken soll, immer wieder der gleiche Habitus und Gestus, den in vergleichbaren Situationen auch die eigenen Eltern einzunehmen pflegten. Einem jeden, der mit Kindern umgeht, wird dies so widerfahren, am meisten aber denjenigen, die selber als Kinder im Umkreis starker Ängste, Zwänge und Schuldgefühle haben leben müssen. Gerade sie werden wünschen, daß ihren Kindern erspart bliebe, was sie selber durchzumachen hatten, und tragischerweise werden gerade sie mit großer Wahrscheinlichkeit dieselben Konflikte heraufbeschwören, an denen sie bereits in den eigenen Kindertagen zu leiden hatten. Vor allem wenn die gesamte eigene Vergangenheit, wie im Fall des «Marienkindes», aus Angst und Schamgefühl wie fluchtartig gemieden und wie etwas Beschämendes verschwiegen werden muß, ist der Zwang zur Wiederholung der unaufgearbeiteten eigenen Konflikte kaum abzuwenden.

Das Märchen von «Brüderchen und Schwesterchen», auf dessen Parallele zum «Marienkind» wir bereits zu sprechen gekommen sind, erzählt, daß die Person des «Schwesterchens», ebenfalls unmittelbar nach der Niederkunft, von der bösen Stiefmutter im Bad erstickt und gegen die häßliche Tochter der Hexe eingetauscht wird; besser läßt sich nicht beschreiben, daß in der Begegnung mit dem neugeborenen Kind das «Schwesterchen» als Mutter offenbar in

einer ganzen anderen, von seiner «Stiefmutter» arrangierten Rolle auftritt, die sehr von der Art abweicht, wie es dem eigenen Ich nach sich verhalten würde. Im Märchen von «Brüderchen und Schwesterchen» bringt dieser dämonisch wirkende «Rollentausch» für den «König» immerhin gewisse Veränderungen mit sich, auf die er, endlich aufmerksam geworden, «wachsam» zu reagieren versteht, bis er hinter der Zauberlarve der «falschen Braut»[55] seine «richtige» Frau, sein «Schwesterchen», wiederentdeckt. Das Märchen vom «Marienkind» schildert im Grunde denselben Sachverhalt, nur mit dem wesentlichen Unterschied, daß der Ehemann (der «König») von all den furchtbaren Krisen und Nöten seiner Gattin nicht die geringste Ahnung hat. Für ihn ist das «Marienkind» nach wie vor eine «schöne» Frau, die er «liebt» und auf die er stolz ist, deren Herz er aber nicht im geringsten kennt noch in Wahrheit kennen möchte. Das ganze Debakel spielt sich daher subjektiv zunächst allein zwischen dem «Marienkind» und seinen Kindern ab und wird erlebt als ein Erziehungskonflikt, nicht als ein Beziehungskonflikt. Auch diese Tatsache spricht noch einmal dafür, daß im Märchen vom «Marienkind», anders als z. B. beim «Brüderchen und Schwesterchen», die tragische Beziehung von Mutter und Kind tatsächlich die Folge und den Ersatz eines verschobenen Konfliktes zwischen den Eheleuten darstellt. Wie aber muß man sich die «Rückkehr der Madonna» innerhalb eines solchen «Generationskonfliktes» inhaltlich denken?

Vom eigenen Empfinden her wird das «Marienkind» den Eindruck haben, als ob seine Kinder, Mal um Mal, eigentlich gar nicht seine Kinder wären. Tatsächlich existieren sie für das «Marienkind» nicht als etwas, woran es selber seine Freude haben oder worin es ein Stück von sich selbst verkörpert finden dürfte; sie verkörpern vielmehr eine Erziehungsaufgabe, einen Anspruch auf vollendete Mütterlichkeit; sie sind ein Gegenstand makelloser Pflichterfüllung. Vom ersten Tag an leben die Kinder der «Königin» insofern durchaus nicht mit ihrer Mutter, sondern mit der Pflegemutter ihrer Mutter, mit der «Madonna» zusammen; nicht das Ich, sondern das Über-Ich des «Marienkindes» ist es, das mit ihnen lebt und sich ihnen zuwendet. Aber damit ist nur die psychodynamische Seite dieser eigentümlichen Beziehung von Mutter und Kind erfaßt. Thematisch kristallisiert sich das Problem entscheidend in der Sexualität; sie ist der Punkt der tiefsten Selbstentfremdung des «Marienkindes», und sie bewirkt zugleich vom ersten Tage an die Entfremdung auch der Kinder von ihrer Mutter; nur um die Frage der Sexualität dreht sich denn auch der Auftritt der «Jungfrau Maria».

Vornehmlich im kirchlich-religiösen Raum herrscht nach wie vor die Meinung, es sei möglich, das Erleben der Sexualität rein biologisch auf die Zeugung von Nachkommen hin zu interpretieren[56]. Vergebens, daß von Biologen immer wieder entgegengehalten wird, daß schon im Tierreich die «Sexualität» sehr verschiedenen Zielsetzungen, vor allem der Rangdemonstration und der Paarbindung, dient[57], daß zudem auch im Tierreich ausgeklügelte Mechanismen der Geburtenbeschränkung existieren und schließlich der Mensch das einzige Lebewesen dieses Planeten ist, das überhaupt ein ausgedehntes, auch für die Frauen befriedigendes Liebesleben kennt[58], das zudem mit Beginn der Pubertät an keine bestimmten Zeiten oder Phasen des Lebens gebunden ist. All diese Argumente setzen sich nur mühsam in der offiziellen Denkweise von Moraltheologie und Kirchenrecht durch. Nirgendwo indessen führt sich die Abrichtung der Liebe auf die Erzeugung von Nachkommen, wie sie von der Kirche jahrhundertelang propagiert wurde, so erschreckend und kraß ad absurdum wie im Erleben einer Frau, die wirklich ein Kind zur Welt bringt. Bereits die letzten Monate der Schwangerschaft führen für die Mutter zu einer äußerst intensiven Körperempfindung, die sehr im Widerspruch zu der sexual- und körperfeindlichen Abwertung und Vernachlässigung des Leibes steht, die man sie gelehrt hat und die daher nicht selten wie eine unaufhaltsame Überwältigung durch eine ichfremde Naturmacht erfahren wird; vollends aber nach der Entbindung zeigt es sich, daß die asketische Unterdrückung jeder sexuellen Empfindung auch den Kontakt des Kindes beim Stillen oder beim Austausch von Zärtlichkeiten nachhaltig stört[59].

Wieder stimmt die christliche «Marienlegende» auch an dieser Stelle mit der Wirklichkeit nicht überein, wenn auf zahlreichen Heiligenbildern die Madonna gezeigt wird, wie sie als liebevolle Mutter, doch stets in «jungfräulicher Reinheit», sich dem Christuskind zuwendet, ganz so als sei es möglich, eine Mutter zu sein, ohne eine Frau zu werden[60]. Eben dieses «Wunder» aber muß ein «Marienkind» vollbringen, solange es an seinem Madonnenideal festhält und vor sich selbst und anderen hartnäckig jede sexuelle Gefühlsregung verschweigt. Stets wenn der Körperkontakt zu dem eigenen Kind gefühlsstärker wird und eigentlich die natürliche Symbiose von Mutter und Kind ihre Befriedigung und Erfüllung finden könnte, unterbricht die moralische Zensur den Strom der Empfindung, so daß sich im Kind bereits vom ersten Augenblick des Lebens an der Eindruck verfestigen muß, für seinen Wunsch nach Nähe und Geborgenheit immer wieder mit Liebesentzug bestraft zu werden. Gewiß wird eine Mutter von der Art des «Marienkindes» den moralisch erzwungenen Mangelzustand an affektiver Wärme durch besondere Sorgfalt in allen äußeren Belangen wiedergutzumachen versuchen; aber das Ergebnis kann nicht anders ausfallen, als das Märchen es schildert: kaum geboren, gehören die Kinder des «Marienkindes» nicht mehr zu ihrer Mutter, sondern sie befinden sich im «Himmel der Madonna», einer Stätte äußerer Überversorgung und zugleich monströser Schuldgefühle von fast paranoischem Umfang gegenüber allen anderen.

Man erfaßt das oral-depressive Erleben niemals vollständig ohne den Faktor der Fremdenfurcht. Was andere sagen oder, richtiger, was andere sagen *könnten,* schafft einem Depressiven nicht endende Beunruhigungen und Qualen, indem er seinen eigenen Selbsthaß (bzw. den verinnerlichten Haß auf seine Eltern) in die anderen projiziert; um den als wirklich geglaubten Nachstellungen und Vorwürfen der anderen den Wind aus den Segeln zu nehmen, muß er sich daher in jeder nur denkbaren Hinsicht so verhalten, daß jeder Laut einer möglichen Kritik von vornherein erstirbt. Die dadurch geschaffene Überbeanspruchung aber erzeugt im Untergrund eine ständige Abwehr und Rebellion, die sich wiederum in einer passiv-schweigenden Vorwurfshaltung und einer unermüdlichen Kontaktabwehr bemerkbar macht; am Ende entsteht das Paradox, daß der Depressive wirklich vorgeworfen bekommt, was er am meisten fürchtet: daß man mit ihm nicht zurecht kommt, daß er «alles falsch macht», und vor allem: daß er alles ringsum mit seinen Schuldgefühlen «auffrißt». Während das «Marienkind» alles unternimmt, um so selbstlos und aufopfernd wie nur möglich dem Wohl seiner Kinder zu dienen, sehen die Außenstehenden, je länger desto klarer, daß die «Madonnenhaltung» des «Marienkindes» die Kinder «verschlingt», noch ehe sie zum Leben kommen können, und daß die Maßlosigkeit seines eigenen angstbesetzten Vollkommenheitsanspruchs die Kinder buchstäblich «auffrißt». Es ist, als wenn das «Marienkind» mit seiner Besorgtheit und Fürsorge die Eigenständigkeit seiner Kinder durchaus nicht zu akzeptieren vermöchte, ja, als wenn es in seiner Über-identifikation mit den Kindern wieder in den eigenen Leib zurückholen wollte, was im Geburtsvorgang daraus hervorgekommen ist[61]; denn nur als Teil seiner selbst kann es seiner Kinder wirklich sicher sein. Immer aber erweist sich dabei die «Stummheit» des «Marienkindes» als das furchtbarste moralische Mittel, um die Kinder in die Welt der eigenen Vorstellungen «einzuverleiben».

Wohl jede Mutter wird besorgt sein, wenn sie sieht, daß eines der Kinder krank ist, nicht essen will, des Nachts schreit oder irgendwelche sonstigen Störungen aufweist. Eine Mutter von der Art des «Marienkindes» aber wird das an sich Normale, wie in den Tagen der «Armut» der eigenen Eltern, als einen Vorwurf empfinden und sich schuldig fühlen; genau besehen geht es dabei nicht eigentlich (nur) um das Wohl des Kindes, sondern vor allem um die eigene Gewissensruhe und moralische «Unschuld», und so muß das «Marienkind» schon geringfügige Unregelmäßigkeiten mit übermäßiger Angst verfolgen. Nichts darf sich seiner Aufmerksamkeit entziehen, und es gibt im Grunde nur eine Weise, etwas richtig zu machen: die eigene; jede Abweichung von der eigenen Wesensart wirkt erneut wie eine Infragestellung, die nicht geduldet werden darf, und angesichts eigener Aktivitäten der Kinder wird stets die mahnend-warnende Stimme der Mutter ertönen, die vorschreibt, wie es einzig richtig und gut zu machen ist. Die Kinder selbst müssen sich unter diesen Umstän-den wie von einer unsichtbaren Glocke umschlossen fühlen, einem Mutterleib der Fürsorge, dem sie nie entrinnen können, denn sie dürfen nur sein, wenn sie so sind wie die Mutter selbst, also wenn sie selber nicht sind. Falls sie es dennoch unternehmen, von der Art der Mutter abzuweichen, so müßte sie eigentlich jedesmal ein jähzorniges mütterliches Donnerwetter ereilen, wäre das «Marienkind» in seiner «Stummheit» (bzw. infolge seiner oralen Gehemmtheiten) nicht gänzlich außerstande, sich verbal durchzusetzen. Viele Depressive wissen im Verstande wohl, daß ihre Vorwürfe, die sie eigentlich machen möchten, den anderen als maßlos oder absurd vorkommen würden, und sie fürchten in jedem Falle die Gegenkritik ihrer Umgebung. Ihre Vorzugswaffe ist daher das Schweigen – ein Instrument, das heranwachsende Kinder um den Verstand bringen kann, weil es keinerlei Auseinandersetzung oder Gegenwehr zuläßt. «Bei uns zu Hause», sagte eine Patientin, «wurde oft tagelang (von seiten der Mutter, d. V.) geschwiegen, und man sprach erst wieder mit uns, wenn wir uns entschuldigten und taten, was gewünscht wurde.» Noch heute, Jahrzehnte später, empfindet diese Frau jedes Nicht-Reden eines anderen als schwersten Vorwurf, und bezeichnenderweise versteckt sie ihre Mutter bei kritischen Bemerkungen immer noch lieber hinter allgemeinen unpersönlichen Wendungen, als sie direkt anzugreifen. Die «verschlingende» Wirkung eines «Marienkindes» auf seine Kinder kann kaum deutlicher zutage treten.

Gleichwohl wird es nur schwerlich eine Erkenntnis geben, die das «Marienkind» mehr fürchtet und zu vermeiden trachtet, als die Einsicht, daß es mit seiner übermenschlichen Anstrengung, den Kindern eine Art Himmel auf Erden zu bereiten, die Kinder nicht zum Leben kommen läßt und sie in Wahrheit für den Narzißmus der eigenen madonnengleichen Fehlerlosigkeit aussaugt wie ein Vampir. Auf furchtbare Weise wiederholt sich in ihm noch einmal die Tragik seiner eigenen Mutter, aber diese Entdeckung mutet um so grausamer an, als das «Marienkind» gewiß alles getan hat, um seinen Kindern so gut zu sein wie irgend möglich. Wie schwer muß es ihm daher fallen zu begreifen, daß es seinen Kindern zur Gefahr wird, gerade weil diese Kinder buchstäblich sein Ein und Alles sind und sein sollen? Daß es gerade mit dem Ideal der «Madonna» seinen Kindern eher zur «Pietà» denn zur «Mutter der Gnade» gerät? Und daß seine «Stummheit», geboren aus Selbstanklagen, auch andere weit schwerer belasten muß, als es unmittelbare Vorwürfe jemals könnten? Dabei sind die Kinder zweifellos das Hauptmotiv, um die Lebenseinstellung eines «Marienkindes», wenn überhaupt, trotz allem noch einmal von Grund auf zu ändern – die Rücksichtnahme auf das eigene Glück vermöchte es wohl kaum. Nur, wie soll überhaupt eine Wandlung zum Besseren möglich sein, wo doch alles in dieser Ehe von «König» und «Königin» nach außen hin so gut geregelt und geordnet scheint?

Befragt man das Märchen vom «Marienkind» darauf, was es als «Therapievorschlag» bereithält, so wird man eine teils unbefriedigende, teils entmutigende Auskunft erhalten. *Unbefriedigend* ist die Antwort des Märchens, weil es, entsprechend der erzieherischen Absicht seiner legendären Übermalung, gar nicht an einem psychologisch umfassenden, sondern nur an einem vorwiegend «moralischen» Abschluß interessiert ist; dieses Problem teilt das Märchen indessen mit den meisten Legenden, die von der archetypischen Symbolsprache des Unbewußten gern einen idealtypischen Gebrauch machen und, psychodynamisch betrachtet, nicht die Integration des Unbewußten im Ich, sondern vielmehr die Unterwerfung des Ichs unter bestimmte Dressate des Über-Ichs anstreben. *Entmutigend* hingegen wirkt der Abschluß des Märchens, weil es gegen die Angst des «Marienkindes» als einziges Heilmittel nur den Leidensdruck noch größerer Angst zu setzen weiß. Unter den gegebenen Umständen erscheint gerade eine solche «Katastrophentherapie» indessen als am meisten wahrscheinlich.

Das einzige Mittel, um die Angst des «Marienkindes» zu beruhigen und ihm seine eigene Sprache wiederzugeben, bestünde in einer Liebe, die mütterlicher ist als die «Mutter Gottes» und absichtslos genug, um das sexuelle Dilemma aus Schuldgefühl und Ohnmacht durch das Glück einer tiefen seelischen Verbundenheit und den Einklang innigen Verstehens vergessen zu machen. Aber ein Teil der Ehetragödie des «Marienkindes» besteht gerade darin, daß es

offenbar nur einen «König» als Gemahl «erobern» konnte, der für das Lösen seelischer Schwierigkeiten so viel Sinn aufbringt wie etwa Ludwig XVI. für seine Gemahlin Marie Antoinette[62]. Nicht genug, daß er mit der Stummheit seiner Gattin als Grundlage seiner Ehe sich gleich zu Beginn ohne weiteres einverstanden erklärte – jetzt verzichtet er zudem auf seine Kinder ebenso widerspruchslos wie seinerzeit der Vater des «Marienkindes». Nach wie vor scheint es für ihn im Umgang mit ehelichen Schwierigkeiten nur eine Strategie zu geben, die der «Stummheit» seiner Gemahlin auffallend parallel ist: das Sprechverbot. Längst drängen seine «Ratgeber», sein eigener Verstand also, darauf, den unheimlichen «Kindesentführungen» seiner Gattin nachzugehen, aber offenbar meint der «König» seine Gemahlin am besten zu schützen, wenn er so tut, als wenn nichts geschehen wäre, und die Ruhe zur obersten Bürgerpflicht erklärt. Jedoch umsonst – der Spielraum wird nur immer enger, und bald schon liefert auch der «König» den Beweis, daß ihm mehr als an allem anderen, mehr auch als an der Liebe zu seiner Frau, ausschließlich an der Gunst der öffentlichen Meinung gelegen ist; ihr beugt er sich mit achselzuckendem Widerstreben, selbst wenn seine Gattin dafür durchs Feuer muß – ein ohnmächtiger «Regent», dessen Wunsch nach «Ruhe» die wahre Quelle nicht endender Beunruhigungen darstellt.

Aus der Sicht des «Marienkindes» hingegen wird man den «Prozeß» der Volksmeinung nicht anders verstehen

können denn als ein ständiges Anwachsen der Schuldgefühle, die es, nach außen projiziert, in allen anderen auf sich zurückkommen sieht. Diese Frau, die ständig in der Gestalt der «Mutter Gottes» auf der Flucht vor ihren eigenen Gewissensqualen lebt, muß sich, je länger desto aussichtsloser, als Opfer fremder Nachstellungen fühlen, und, was das Schlimmste ist, sie muß innerlich mehr und mehr anerkennen, daß die Vorwürfe, die sie allseits zu spüren glaubt, nicht völlig unberechtigt sind: solange sie selbst es nicht wagt, zu ihrem Leben zu stehen, solange wird sie dem Leben ihrer Kinder im Wege stehen. Aber was ist zu tun, wenn die Zuständigkeit für das eigene Leben in dem Eingeständnis einer Schuld besteht, die man mehr denn die Hölle zu fürchten gelernt hat?

Dem Märchen selber scheint es kaum begreifbar zu sein, wie jemand derartig «stolz» und «verstockt» sein kann wie das «Marienkind», und natürlich soll der Leser diesen Eindruck von ganzem Herzen teilen; unmittelbar muß er sich von daher zu einer geheimen Komplizenschaft all derer eingeladen fühlen, die über das «Marienkind» verurteilend den Stab brechen und sich von ihm als einer «menschenfressenden Hexe» voller Grausen und Verachtung lossagen möchten, nur um sich selber zu bestätigen, daß sie an seiner Stelle gewiß reumütig und zerknirscht der «Madonna» ihre Schuld gebeichtet hätten. Doch gemach! Nur den oberflächlichen Gemütern fällt die Reue leicht, weil sie die unverwüstliche Gabe besitzen, die Sünde nicht so schwer zu nehmen. Wem es indessen in seiner Schuld buchstäblich um Himmel und Hölle geht, kann nicht gestehen ohne die Gewißheit eines gnädigen Erbarmens, und je schwerer seine Schuld ihn dünkt, desto aussichtsloser muß ihm gerade die Vergebung scheinen; ein solcher geht lieber freiwillig in die Hölle, als sich durch fremde Verurteilung in die Hölle stoßen zu lassen. Wohl ist es wahr, daß eine solche Haltung nach außen hin als «Stolz» und «Starrsinn» erscheinen mag; wer aber tiefer hinsieht, wird unter der Maske äußerer Perfektionsroutine und fehlerloser Unangreifbarkeit eine äußerst verwundete Seele entdecken, für die der kleinste menschliche Fehler bereits eine Katastrophe ohnegleichen bedeutet. Wenn hier von «Stolz» die Rede sein kann, so liegt er ganz und gar in den unmenschlichen und überheblichen Anforderungen des Über-Ichs begründet, also er geht nicht zu Lasten des «Marienkindes», sondern einzig zu Lasten der «Madonna»[63].

Eben deswegen gäbe es eine menschenwürdige Auflösung der Gewissensnot des «Marienkindes» nur durch ein Verständnis, das es inmitten seiner Schuld die Unschuld wiedersehen lehrte und ihm zu einer Wahrheit verhülfe, deren es sich nicht länger mehr zu schämen brauchte. Wer aber ein menschliches Gegenüber solchen Verstehens nicht an seiner Seite hat, wird wirklich nur die «Reinigung» des «Fegfeuers» auf dem Wege der Erlösung übrigbehalten; in solcher Lage wird die Depression zur Bedingung der Wahrhaftigkeit, und

recht hatte vermutlich Sigmund Freud, als er feststellte, daß man in gewissem Sinne immer erst depressiv sein müsse, um zur Wahrheit über sich selbst fähig zu werden[64].

Es ist am Ende sehr die Frage, ob das Geständnis des «Marienkindes» wirklich, wie es das Märchen glaubhaft machen will, einen Akt der Einsicht und der Buße darstellt. Eher sollte man nach allem, was wir gehört haben, denken, daß es von einem bestimmten Grenzpunkt der Qual und der Vergeblichkeit an dem «Marienkind» sozusagen «egal» wird, was die «Mutter Gottes» sagt und macht. Wenn es übermenschlich schlimm ist, «gesündigt» zu haben, so ist es schließlich nur menschlich, ein Sünder zu sein. Was vorher wie ein Zusammenbruch der eigenen moralischen Persönlichkeit erlebt wurde, führt jetzt zu einem Zusammenbruch des Über-Ich-Standpunktes. Wenn die Heftigkeit des Schuldgefühls einen «Hitzegrad» erreicht, daß darunter das Leben «verbrennt», so kann sich das Ich nur noch erhalten, indem es «kühler» dem Urteil des Über-Ichs gegenübertritt. Schrecklicher als es ist, kann es für das «Marienkind» gewiß nicht mehr kommen, und es gibt jetzt nur noch einen Ausweg: sich auf Gedeih und Verderb dem Urteil der «Madonna» zu überlassen. In dieser Quintessenz einer Entwicklung des Negativen zeigt sich in äußerster Zuspitzung die Ambivalenz des ganzen Märchens.

Der Zusammenbruch einer starren Über-Ich-Moral kann, als Bilanz der Angst, sehr leicht dazu führen, den latenten

Selbsthaß, die Selbstverachtung und den Hang zur Selbststrafung lediglich mit andern Mitteln weiterzuführen, um, nach einem genial-richtigen Worte Dostojewskis, fortan «ein Recht auf Schande» für sich in Anspruch zu nehmen[65]. Der ganze hochkompensierte Aufbau der bisherigen Persönlichkeit zerbirst unter solchen Umständen wie in einer Explosion des Unerträglichen, und zurück bleibt ein Leben, das förmlich ein Bedürfnis verrät, sich selber so gemein zu machen, wie man sich fühlt. Die Neurose schlägt dann um in den Genuß des Perversen, und die perverse Unmenschlichkeit der bisherigen Moral reklamiert nun die Unmoral als Attribut des Menschlichen. Neben dieser äußerst gefährlichen Entwicklungsmöglichkeit kann es aber auch sein, daß die endgültige Kapitulation der rigorosen und rigiden Moral des Über-Ichs einen Standpunkt vertiefter Menschlichkeit heraufführt, und eben dies ist es, wovon das Märchen vom «Marienkind» am Ende eigentlich erzählen will, nur daß es gerade an dieser alles entscheidenden Stelle versäumt, deutlicher zu werden.

Berichtet wird, daß die «Mutter Maria», während der Mob bereits dem «Marienkind» das Feuer schürt, wie eine Retterin erscheint, die nach erfolgtem Geständnis mit dem Regen des Himmels die Flammen löscht und der unglücklichen «Königin» die Kinder zurückgibt. Erst jetzt also, wo es gar nicht anders mehr geht, erweist es sich, daß die «Mutter Gottes» jene Sünde der 13. Pforte selbst gar nicht so strenge ahnden wollte und daß in ihren Augen einzig die Unwahrhaftigkeit keine Gnade fand. Sie, die vordem in ihrer jungfräulichen Tugend wie ein Racheengel erschien, gewinnt jetzt überraschenderweise ihre mütterlichen Züge zurück, und, paradox genug, es erweist sich nun, daß man nicht so sehr schuldig war durch das «Laster» der «Unkeuschheit» als durch das mangelnde Vertrauen in eine Vergebung, deren man unbedingt bedurft hätte, um die eigentliche Schuld: die Doppelbödigkeit einer ständigen existentiellen Verlogenheit im Umfeld nicht endender Angst, zu vermeiden. «Die Wahrheit wird euch frei machen» (Joh 8,32) – dieser Satz der Bibel enthält die tiefe Wahrheit des Märchens vom «Marienkind». Sich selbst zurückgegeben, fängt das Leben des «Marienkindes» noch einmal von vorne an; der «Spuk» der «Madonna» ist beendet, und es wäre jetzt die Zeit gekommen, wo das «Marienkind» im Wiederbesitz seiner Sprache seinen eigenen Namen zum erstenmal so aussprechen könnte, daß er zum Ort und Erfahrungsraum für eine Liebe würde, die in sich rein und «königlich» ist und ihm die unverdorbene Schönheit des Herzens zurückzugeben vermöchte – tatsächlich deutet das Märchen einen solchen Abschluß an.

Zwischen Angst und Glaube, oder: Welch eine Art von Religion?

Aber kann man nach allem, was vorausgegangen ist, sich mit diesem «Happy-End» des Märchens zufriedengeben?

Man kann es weder theologisch noch psychologisch.

Wohl enthält die «Therapie» der Aussichtslosigkeit und der Verzweiflung, die das Märchen vom «Marienkind» am Ende schildert, unzweifelhaft eine tiefe religiöse Wahrheit. Jedes Menschen Leben steht vor der «Wahl» zwischen Angst und Vertrauen, und zunächst wird ein jeder die Angst, unberechtigt auf der Welt zu sein, wie das «Marienkind» mit einer unendlichen Anstrengung beantworten, seinem Dasein den absoluten Charakter von Rechtschaffenheit und Notwendigkeit zu verleihen. Bis zum Zusammenbruch wird er versuchen, im moralischen Sinne so gut wie nur irgend möglich zu sein. Die inneren Abspaltungen, Verdrängungen, Triebdurchbrüche, Verleugnungen und Doppelbödigkeiten, die er mit einer solchen Angstmoral in Kauf nimmt, treiben ihn jedoch notgedrungen nur immer weiter in die Enge, und die Angst, die ursprünglich durch eine kritikfreie Rechtschaffenheit beruhigt werden sollte, zieht in Wahrheit immer unheimlichere Kreise; am Ende muß man entdecken, daß man auf diese Weise nicht nur mit mörderischen Schuldgefühlen sein eigenes Leben ruiniert, man wird auch zum Mörder an allen, die einem anvertraut sind. Ja, man kann schließlich nur wünschen, daß ein solches Unleben der Angst, des verinnerlichten Todes, möglichst bald zusammenbricht; denn erst jenseits der Katastrophe kann sich der Freiraum öffnen, in dem sich das Dasein als bedingungslos berechtigt und bejaht und als von Grund auf «königlich» ent-

decken kann. Theologisch ist diese Erfahrung unnachahmlich klar in der jahwistischen Urgeschichte ausgesprochen worden, die auch der christlichen Erbsündenlehre zugrunde liegt[66], auch was im Neuen Testament der hl. Paulus zur Deutung seines Damaskus-Erlebnisses zu sagen weiß, ist getragen von dieser grundlegenden Alternative einer tödlichen Moralität der Angst oder einer lebenspendenden Güte des Vertrauens. In gewisser Weise schließt sich ebenso das Märchen (bzw. die Legende) vom «Marienkind» dieser großen Perspektive christlicher Daseinsdeutung an; es verdirbt aber die Klarheit seiner möglichen Botschaft durch Beimischungen der Angst und des moralischen Rigorismus, die eine Reihe von Nachfragen unvermeidbar machen.

Es ist gewiß nicht die Schuld des Märchens, daß es auf Erden ein unsägliches Maß an Angst und Leid gibt, und es zählt zu dem Realitätssinn vieler Märchen, daß sie, wie die Erzählung vom «Marienkind», die Schilderung seelischer Not mit hoher Sensibilität in allen möglichen Nuancen zu variieren suchen. Es ist auch als wahr zu erachten, wenn die christliche Legende die Meinung durchblicken läßt, daß die Abgründe menschlicher Angst nur in einem Vertrauen zu dem Urgrund allen Daseins jenseits der grausam zerrissenen Menschenwelt überbrückt werden können.

Die Ansicht mancher Religionspsychologen, daß die Religion aus Angst und Hilflosigkeit des Menschen entstanden und deshalb als haltlose Illusion zu betrachten sei, verkennt, daß es zum Menschen *wesentlich* gehört, Ängste zu haben, die unendlich sind und im Endlichen nie eine Antwort finden, und daß es zudem auf eine Verwechslung von Ursache und Wirkung hinausläuft, das Heilmittel einer Krankheit als Produkt der Krankheit zu interpretieren. So wie der Durst eines Menschen in gewissem Sinne ein Beweis für die Existenz des Wassers ist, oder wie etwa die Flugunruhe der Vögel um Anfang Oktober beweist, daß es wärmere Länder im Süden der Erde geben *muß,* so ist die Sehnsucht des Menschen nach Gott ein Beweis für die Existenz des Göttlichen. «Du würdest mich nicht suchen, wenn du mich nicht schon gefunden hättest», läßt Blaise Pascal in den «Pensées» Christus zum Menschen sprechen[67]. Wir Menschen sind auf dieser Welt die einzigen Lebewesen, die sich ängstigen können und müssen vor der Nichtigkeit und Zufälligkeit alles Existierenden; wir sind die einzigen, denen die Welt erscheint wie ein Meer, über das sie nur zu schreiten vermögen mit dem Blick auf eine Gestalt, die vom anderen Ufer uns entgegenkommt[68].

All diese Aussagen haben ihre Gültigkeit indessen nur innerhalb eines *wesentlichen* Sprechens vom Menschen. Die Gefahr ist groß, die philosophische, transzendentale Ebene der Reflexion mit der Ebene der psychologischen, kategorialen Erfahrung zu verwechseln. Die Masse ist nicht Philosoph, und es besteht immer eine starke Versuchung, das Wesentliche mit dem Unwesentlichen zu vermengen, indem man die Inhalte von Angst und Vertrauen im Sprechen von Gott mit innerweltlichen Gegebenheiten identifiziert. Gerade die Literaturform der Legende als einer frommen Erzählung fürs Volk ist dieser Gefahr ausgesetzt, und das Märchen vom «Marienkind» ist ihr unzweifelhaft erlegen.

Es mag im Leben eines Menschen unter Umständen einen großen Vorteil darstellen, wenn er die Angst und die Bedrohtheit des Daseins bereits in Kindertagen intensiv zu spüren bekommt; aber wie bei allem, was neurotisch macht, liegt das Übel im Übermaß. Ein Zuviel an Angst, von den eigenen Eltern verursacht, kann die wesentlichen Fragen des Daseins eher verdecken als lösen, und leicht entsteht dann eine Art von Frömmigkeit, die bei einem Höchstmaß an subjektiv gutem Willen objektiv doch einer Travestie des Religiösen gleichkommt. Immer wo Eltern ihr Kind mit einer Angst überziehen, die es auf Sein oder Nichtsein bedroht, absorbieren sie selbst die archetypische Macht des Göttlichen im Herzen ihres Kindes. Statt in ihrer Rolle als Eltern den Archetypus des Vaters und der Mutter für eine weitere Entwicklung offenzuhalten und schließlich an die Transzendenz des Weltenhintergrundes zu delegieren, zwingen sie im Bannkreis der Angst ihr Kind dazu, sich in absoluter Weise an seine Eltern zu klammern, als wenn sie Götter wären. Das Bild von Vater und Mutter spaltet sich auf diese Weise in einen (un)menschlichen Vordergrund realer Erfahrung und einen göttlichen Erwartungshorizont irrealer Sehnsucht auf, und eben diese Vergöttlichung des Menschlichen bzw. diese Absolutsetzung menschlicher Ambivalenzgefühle im Umkreis einer als absolut erfahrenen Menschenfurcht bildet den eigentlichen Kern jeder Neurose. Anders als Freud meinte, entsteht die Religion nicht aus dem Ödipuskomplex, aus der Verewigung von Mutterliebe und Vaterhaß, sondern umgekehrt: wenn ein Kind in seiner Angst die Eltern wie Herrgötter erlebt, wird es ihnen und all ihren Nachfolgern eine Macht zuschreiben, die sie nicht besitzen, indem es alle religiösen Sehnsüchte nach absoluter Liebe und Geborgenheit in sie hineinprojiziert[69]. Erst so beginnt die Dämonisierung des Menschlichen und die Mythisierung des Göttlichen in der Unentrinnbarkeit der Angst.

Alle archetypischen Symbole, die von der Religion zur Beschreibung einer Welt ohne Angst als Chiffren der Erlösung verwendet werden, geraten im Umkreis neurotischer Erlebnisstrukturen in die Gefahr, von dem Bild der eigenen Eltern her sich ihrerseits mit Angst aufzuladen; was als Wegmarke seelischer Integration Kraft und Weisheit besitzen könnte, verwandelt sich dann in ein moralisches Ideal, das dem Ich wie etwas Fremdes und Entfremdendes gegenübertritt. Statt von Angst zu erlösen, wird aus der Religion dann selbst eine Stätte der Angstverbreitung. Wenn unter diesen Umständen von Gott als Vater die Rede ist, verstellt das ängstigende Bild des eigenen Vaters die göttliche Wirklichkeit, und indem das Vaterbild fortan den Namen «Gott» erhält, rechtfertigt es jeden Zwang, jede Entwürdigung, jede Unterwerfung; wenn von der Jungfrau Maria bzw. der Mutter Gottes die Rede ist, verschmilzt der Archetyp der Madonna sogleich mit den Erinnerungen an die eigene Mutter und an ihre moralischen Bemühungen um ein «jungfräuliches Leben». Während so aus den Menschen Götter werden, verwandelt sich das Göttliche in ein Ensemble von Spukgestalten, gerade so, wie wir es im Märchen vom «Marienkind» erlebt haben; und eben weil man der Märchen-Legende vom «Marienkind» das subjektive Bemühen um Frömmigkeit und Wahrhaftigkeit bei aller Skepsis schlechthin glauben muß, erscheint eine bestimmte Art von Angstfrömmigkeit bei der Lektüre dieser Erzählung in einem um so gespenstischeren Licht.

Denn es muß zutiefst beunruhigen, wenn man in dem Märchen mitansehen muß, wie das Sprechen von Gott, von den Engeln, den Aposteln, der Muttergottes, vom Himmel und der Dreifaltigkeit lediglich dazu mißbraucht wird, ein kleines Kind, ein Mädchen noch, seiner natürlichsten Regungen wegen mit lebenslangen Schuldgefühlen zu martern, es in Einsamkeit und Traurigkeit gefangenzuhalten, seine Schönheit und Würde zu zerstören, seine Sehnsucht nach Leben und Liebe als etwas Widerrechtliches zu unterdrücken und am Ende sein Herz in ein Verlies von Depressionen, Zwängen, Ängsten, vergeblichen Idealen und unaussprechlichen Schuldgefühlen zu verwandeln. Es ist zutiefst empörend, mitzuerleben, wie aus der Liebe

zweier Menschen ein stummes Nebeneinander vordergründiger Äußerlichkeiten wird, wie das Glück sich zur Pflicht, die Freude zum Opfer deformiert, wie die Fürsorge in verschlingenden Zwang, die Mutterliebe in fressenden Anspruch sich verkehrt und wie im ganzen das Feld des Religiösen bis hinein in seine mütterlichsten und wärmsten Symbole zu einem mörderischen Alptraum pervertiert, indem «Gott» oder die «Mutter Gottes» zum Inbegriff einer rigiden Über-Ich-Moral erstarrt. Man mag abwiegelnd entgegnen, es handle sich in der Erzählung vom «Marienkind» doch «nur» um ein Märchen; aber ein solcher «Trost» verfängt nicht. «Wenn wir Schatten euch beleidigt, / O so glaubt – und wohl verteidigt / Sind wir dann: ihr alle schier / Habet nur geschlummert hier / Und geschaut in Nachtgesichten / Eures eignen Hirnes Dichten.» So einfach wird bereits Shakespeares *Ein Sommernachtstraum»*[70] nicht los, wer zuvor erlebt hat, wie in der Welt des Tages die äußeren Rücksichtnahmen auf die Konstellationen von Macht, Geld und Geltung den Menschen um sein Glück bringen und wie hilflos er des Nachts den Mächten des Unbewußten preisgegeben ist. Wer das Märchen vom *«Marienkind»* recht verstanden hat, wird die quälende Möglichkeit nie wieder vergessen, daß alles Sprechen von Gott unter Umständen lediglich die verinnerlichten Ängste aus Kindertagen widerspiegelt und ein Leben in Schuldgefühlen verstrickt, die sehr viel mit Menschenfurcht und kindlichen Abhängigkeiten, wenig aber mit

Gott zu tun haben. «Nicht jeder, der den Namen Gottes («Jahwe Gott») in den Mund nimmt, ist Gott wirklich nahe, sondern nur, wer tut, was Gott will, im Vertrauen darauf, daß er unser wahrer Vater sei», so möchte man ein Wort Jesu (Mt 7,21) in diesem Zusammenhang paraphrasieren. Ein für allemal kann man von einem Märchen wie dem «Marienkind» lernen, daß man die menschliche Wirklichkeit verstehen muß, um zu einem wahren Sprechen von Gott zu gelangen oder, besser, um zu verstehen, was Gott uns in Wahrheit zu sagen hat. Wenn irgend die Psychoanalyse für die Theologie einen Wert besitzt, dann vor allem dadurch, daß sie den komplexbedingten Anteil aus der Gottesbeziehung zu entfernen vermag. Wie die Naturwissenschaft die dämonischen Identifikationen des Göttlichen mit dem (aus menschlicher Sicht) willkürlichen Wirken der Kräfte der äußeren Natur zu überwinden vermochte, so vermag die Psychoanalyse wirksam voneinander zu unterscheiden, was angstvoll ins Absolute gesteigerte Menschenfurcht und was wirkliche Ehrfurcht vor dem Göttlichen ist.

Der Maßstab für diese Unterscheidung ist im Grunde leicht zu gewinnen. Nur in der *Angst* fühlen Menschen sich so sehr an den Abgrund gedrängt, daß sie sich in absoluter Weise an andere Menschen gebunden fühlen, die über sie eine göttliche oder dämonische Macht erlangen können; alles Religiöse im Umkreis der Angst also ist ambivalent und kann sowohl Heil wie grausame Zerstörung bewirken, je nachdem, ob es die Angst in einem größeren Vertrauen besiegt oder selbst von der Angst in Richtung unendlicher moralischer Anstrengungen zur Selbstvervollkommnung und Selbstrechtfertigung benutzt wird. Umgekehrt ist es allein die Liebe, durch die das Sprechen von Gott seine Zweideutigkeit verlieren kann. Nur die Liebe führt vom Abgrund weg ins Herz der Dinge, und Menschen verfügen über diese wunderbarste aller Fähigkeiten, einander so zu begegnen, daß sie nicht länger mehr dem Göttlichen im Wege stehen, sondern einander wechselseitig in ihrer Liebe ein Weg sind ins Unendliche. Nur die Liebe entdeckt den anderen in seiner königlichen Würde wieder, erlöst ihn ohne Gewalt von seinen Beengtheiten und schenkt den Stummen die Sprache zurück; sie ermöglicht es, die Doppelbödigkeit von Angst und Schuld mit ihren ständigen Selbstüberforderungen und Verleugnungen aufzugeben und zur Wahrheit hinzufinden. Nur in der Liebe können Menschen darauf verzichten, sich selbst als Götter zu entwerfen oder sich anderen als Göttern zu unterwerfen, weil es in dem Vertrauen, das die Liebe lehrt, endgültig genügen kann, ein Mensch zu sein. Die Religion verfügt über so wunderbare Bilder wie die Gestalt der Madonna, diesen Archetyp der Ewigen Frau; doch erst wenn das Göttliche nicht länger mehr als ein moralisches Ideal, sondern, weit ursprünglicher, als Hintergrund eines nicht endenden mütterlichen Erbarmens verstanden wird, gewinnt das Bild der ewig jungfräulichen Mutter Gottes seine Wahrheit wieder und öffnet sich zu Gott, der uns als seine Kinder, nicht aber als «Marienkinder» wollte.

Anmerkungen

[1] K. J. OBENAUER: Das Märchen. Dichtung und Deutung, Frankfurt 1959, 245–252, meint: «Unser Märchen vom Marienkind, das wahrlich keine flüchtige Übermalung ist, es ist in seinem ganzen Ethos christlich, weil es Gehorsam gegen Gott wie reuiges Bekennen einer Schuld fordert; es ist keine zerstörte, sondern eine vollendete Endform des Märchens; eines Symbolmärchens, das die alten Züge zu sinnhaltiger Schönheit überzeugend steigert.» (248) Den Weg des *Marienkindes* zur Madonna deutet Obenauer als Sterben des Kindes, seine Rückkehr zur Welt als Reinkarnation, der psychische Gehalt des Märchens bleibt in seiner Deutung hingegen unverstanden und unverständlich.

[2] F. GRILLPARZER: Weh dem, der lügt!, Lustspiel in 5 Akten, Wien 1840; Stuttgart (reclam 4381) 1959, erzählt die Geschichte des fränkischen Bischofs Gregor, der seine eherne Forderung nach absoluter Wahrhaftigkeit angesichts der Wirklichkeit nicht durchhalten kann, während sein Küchenjunge Leon, der den Neffen des Bischofs, Attalus, mit List aus der Gefangenschaft des barbarischen Königs Kattwald zu erretten sucht, durch den Glauben an die Macht des Göttlichen zur Wahrhaftigkeit hin reift. Realismus und Sittlichkeit, Lüge und Wahrhaftigkeit versöhnen sich in Grillparzers Drama im Gottvertrauen und in der Liebe zwischen Leon und Kattwalds Tochter Evita, die sich der Flucht vor ihrem Vater anschließt und sich zum christlichen Glauben bekehrt. Die Welt, m. a. W., widerspricht der Unbedingtheit der göttlichen Forderung, aber sie ist fähig zur Läuterung. – Liest man demgegenüber das Märchen vom *Marienkind*, so muß man den Eindruck gewinnen, daß hier die Forderung nach Wahrhaftigkeit zur absoluten Voraussetzung erhoben werde, ohne das tragische Scheitern des moralischen Rigorismus an der Angst weiter zu reflektieren. Zum Problem der Lüge vgl. E. DREWERMANN: Psychoanalyse und Moraltheologie, 3. Bd.: An den Grenzen des Lebens, Mainz 1984.

[3] B. BETTELHEIM: The Uses of Enchantment, New York 1975; dt.: Kinder brauchen Märchen, übers. v. L. Mickel u. B. Weitbrecht, Stuttgart 1977, 111–118, begründet die Notwendigkeit der Märchen zu Recht mit dem Hinweis auf die Entfaltung der Phantasie, die das Kind davor bewahrt, an der Realität zu scheitern, und es ihm ermöglicht, der Ambivalenz seiner Gefühle Ausdruck zu verleihen. Das trifft in etwa für den 1. Teil des Märchens vom *«Marienkind»* zu. Im 2. Teil des Märchens aber wird im Grunde ein rigoroser Über-Ich-Standpunkt vertreten, während die phantasiereichen «Tröstungen» des Anfangs dahinter zurücktreten. Eine *solche* Erzählung muß in der Tat pädagogisch Bedenken erregen.

[4] Nach theologischer Meinung besteht der Himmel gerade in der visio beatifica, in der beseligenden Anschauung Gottes; vgl. J. BRINKTRINE: Die Lehre von den letzten Dingen, Paderborn 1963, 123–127; zu ihr gehören die Eigenschaften der Übernatürlichkeit, der Ewigkeit, der Unsündlichkeit, der Unterschiedenheit und der Unveränderlichkeit (a. a. O., 127–130); sie umfaßt auch die Erkenntnis all jener Personen, mit denen die Seele des Verstorbenen in näherer Beziehung stand, besonders also der Verwandten und Freunde (a. a. O., 126).

[5] J. BOLTE – G. POLIVKA: Anmerkungen zu den Kinder- und Hausmärchen der Brüder Grimm, 5 Bde., Leipzig 1913–1932, 1. Bd., 13–14, führt eine Erzählung auf, in welcher der arme Mann, da er seine Kinder nicht ernähren kann, sich gerade im Wald erhängen will, als eine schwarzgekleidete Jungfrau ihm Schätze verspricht, wenn er ihr gebe, was im Hause verborgen sei; der Mann willigt ein, aber das Verborgene ist das Kind im Mutterleib. Das Mädchen findet im Schloß der schwarzen Jungfrau hinter der verbotenen Tür vier Frauen, die in Bücherlesen vertieft sind; der Ungehorsam, nicht erst die Lüge, begründet hier den Verstoß des Kindes und sein Verstummen. – In einer sicilianischen Fassung («Das Kind der Mutter Gottes») flieht die Jungfrau vor einem ehebrecherischen Vater oder Lehrer, der ihr auch noch nachstellt, als sie die Gemahlin eines Königs geworden ist. – Je nachdem ist natürlich das Problem des Märchens anders zentriert, obwohl die psychischen Problemfelder einander durchdringen, ergänzen und überlagern können. M. L. V. FRANZ: Bei der schwarzen Frau. Deutungsversuch eines Märchens (1955), in: W. Laiblin (Hrsg.): Märchenforschung und Tiefenpsychologie, Darmstadt 1975, 299–344, sieht S. 338–344 in der «Madonna» des Märchens vom *«Marienkind»* den «Schatten der Maria» repräsentiert – Aspekte der vorchristlichen Natur- und Erdmuttergöttin «als einer spezifisch weiblichen Form des Bösen, das sich u. a. in hemmungsloser Lust, Eifersucht, Intrigenhaftigkeit, dem Aussaugen anderer Menschen und egozentrischer Ichhaftigkeit äußert. Ein Teil dieses Hexenaspektes wird am Schluß des Märchens in der Person der alten Königin vernichtet» (341). Es geht nach M. L. v. Franz daher in dem Märchen um die weibliche Individuation, indem «sich dieser Keim der Individuation gleichzeitig gegen ein falsches Bild der Frau im Kollektivbewußtsein (alte Königin), und gegen ein archaisches Mutter- und Frauenbild im kollektiven Unbewußten (schwarze Frau) durchsetzen muß, um zu seiner eigenen Lebensmöglichkeit zu gelangen» (340). Doch diese typisierende Deutung wird dem Märchen vom *«Marienkind»* nicht gerecht, das nicht von einer «alten Königin» erzählt, sondern von einem jungen Mädchen, und das Problem dieser Entwicklungsgeschichte ist nicht die Ambivalenz des kollektiven Unbewußten, sondern die Ambivalenz des Über-Ichs, das eine bestimmte Moral des «Madonnenideals» widerspiegelt. Wie stets, so müssen auch hier zunächst die Einzelkonflikte eines Märchens analysiert werden, ehe man die psychische Struktur der Erzählung mit der Typologie anderer Märchenerzählungen vergleichen kann; ausschlaggebend für die Deutung eines Märchens sind nicht die Motive, die es verwendet, sondern die konkrete Psychodynamik, die es mit ihrem Auftreten verbindet. An dieser Tatsache scheitern viele Märcheninterpretationen aus der Schule C. G. JUNGS durch ihre offenbar unausrottbare Neigung zu vorschnellen typologischen Generalisierungen. – Zu dem Zusammenhang

der Gestalt Mariens mit dem Bild der Großen Göttin vgl. J. GRIMM: Deutsche Mythologie (1835), Frankfurt-Wien-Berlin (Ullstein Tb. 35107–08) 1981, 1. Bd., S. XXVIII–XXIX.

[6] Fressen will die Kinder z. B. die Köchin in dem Märchen vom «*Fundevogel*» (KHM 51); zur Analyse dieses Märchens vgl. S. BIRKHÄUSER-OERI: Die Mutter im Märchen. Deutung der Problematik des Mütterlichen und des Mutterkomplexes am Beispiel bekannter Märchen, hrsg. v. M. L. v. Franz, Stuttgart (psychisch gesehen 28–29) 1976, 147–151, die in dem Kinderpaar des Märchens, wie im Märchen vom «*Brüderchen und Schwesterchen*» (KHM 11), den «Antrieb zur Ganzheit» (149) verkörpert findet und in der «Köchin» (natürlich) die fressende Seite der anima wiedererkennt, die vom «Lenchen» aufgelöst werden muß; die *orale* Seite der Thematik geht in dieser Deutung gänzlich unter. – Fressen will die Kinder im Märchen von «*Hänsel und Gretel*» (KHM 15) gleichermaßen die Hexe, eine hintergründige Parallelgestalt zu der aus Not verstoßenden Mutter des Anfangs der Erzählung. Die Art des «Verschlingens» dort ist aber gänzlich anders als in den kannibalischen Motiven im Märchen vom «*Marienkind*», die man am ehesten mit dem «Gefressenwerden» im Märchen vom «*Rotkäppchen*» (KHM 26) vergleichen kann, wo die an sich liebevolle «Großmutter» die Gestalt des verschlingenden «Wolfes» annimmt, offenbar zur Strafe für die (sexuelle) Schuld, vom «Wege abgewichen» zu sein; vgl. E. FROMM: The forgotten Language. An Introduction to the Understanding of Dreams, Fairy Tales and Myths (1951), dt.: Märchen, Mythen, Träume, in: Gesamtausgabe, hrsg. v. R. Funke, 10 Bde., Bd. IX, Stuttgart 1981, 169–315, übers. v. L. u. E. Mickel, S. 295–297, der das «*Rotkäppchen*» als Symbol der Menstruation und den Wolf als Gefahr der Sexualität deutet; entscheidend ist hier indessen, gegen Fromms Interpretation, das Gefressenwerden vom mütterlichen Über-Ich, nicht das Verschlungenwerden vom Es.

[7] Eben daran zeigt sich erneut, daß die Erzählung vom «*Marienkind*» wesentlich als Märchen, nicht als Legende zu verstehen ist; für das Märchen ist die Typisierung seiner Gestalten charakteristisch, während die Legende wohl mit typischen Motiven arbeitet, die auch in den Märchen (ebenso wie in den Mythen und den Sagen) vorkommen, aber diese Motive doch in irgendeiner Weise an historischen Gestalten und Orten sowie an bestimmten Riten der jeweiligen Religion festzumachen sucht. Zum psychodynamischen Unterschied von Märchen und Legende vgl. E. DREWERMANN: Tiefenpsychologie und Exegese. 1. Bd.: Die Wahrheit der Formen: Von Traum, Mythos, Märchen, Sage und Legende, Olten-Freiburg 1984. .

[8] So z. B. in dem Märchen vom «*Mädchen ohne Hände*» (KHM 31). Vgl. E. DREWERMANN – INGRITT NEUHAUS: Das Mädchen ohne Hände. Grimms Märchen tiefenpsychologisch gedeutet, Olten-Freiburg 1981, 31–33; zur Gestalt des Teufels im Märchen als negativer Vaterimago vgl. E. DREWERMANN: Der Teufel im Märchen, in: Archiv für Religionspsychologie, Bd. 15, Göttingen 1982, 93–128, S. 106–110.

[9] J. BOLTE – G. POLIVKA: Anmerkungen zu den Kinder- und Hausmärchen der Brüder Grimm, I 16–17.

[10] Im Alten Testament wird Judas' Frau z. B. nur als «Schuas Tochter» bezeichnet (Gen 38,2), so als genügte es, den Namen des Vaters zu kennen, um das Wesen der Tochter zu verstehen. TH. MANN: Joseph und seine Brüder. Roman in 4 Teilen, Stockholm-Amsterdam 1948; Neudruck: Frankfurt-Hamburg (Fischer Tb. 1183, 1184, 1185) 1971, I 368; III 1164–1166, schildert das Schicksal einer solchen Verachteten. Wenn demgegenüber im Neuen Testament (Mt 4,18–22) Jesus die «Söhne des Zebedäus» beruft und diese sogleich seinem Anruf folgen, so zeigt das offenbar, daß es ein und dasselbe ist, von der Bestimmung durch Menschen frei zu werden und vor Gott hinzutreten.

[11] Vgl. E. DREWERMANN: Von der Notwendigkeit und Form der Konfrontationstechnik in der gesprächspsychotherapeutischen Beratung, in: Psychoanalyse und Moraltheologie, 2. Bd., Mainz 1983, 232–234.

[12] Bes. E. JONES: Die Empfängnis der Jungfrau Maria durch das Ohr. Ein Beitrag zu der Beziehung zwischen Kunst und Religion, in: Jahrbuch der Psychoanalyse, hrsg. v. S. Freud, VI. Bd., Leipzig-Wien 1914, 135–204, hat den ödipalen Hintergrund im Umkreis der Madonnenverehrung freigelegt. – Die totemistische Theorie von der jungfräulichen (fälschlich «unbeflecktten») Empfängnis untersuchte S. FREUD: Totem und Tabu (1912), Ges. Werke IX, London 1940, 139–145, als ödipale Phantasie.

[13] Vgl. E. DREWERMANN: Die Frage nach Maria im religionswissenschaftlichen Horizont, in: Zeitschrift für Missionswissenschaft und Religionswissenschaft, 66. Jg. 2/1982, 96–117, 100–103. – Auf die Aufspaltung des weiblichen Archetyps in die Mutter Gottes, die «nur die himmlische, sublimierte Liebe» repräsentiert und «nie mit irdischer Geschlechtlichkeit in Berührung» kommt, und das Bild der Teufelsbuhlerin und Hexe verweist M. JACOBY: Die Hexe in Träumen, Komplexen und Märchen. Das dunkle Weibliche in der Psychotherapie, in: M. Jacoby – V. Kast – I. Riedel: Das Böse im Märchen, Stuttgart ²(erg.) 1980, 195–212, S. 203.

[13a] E. BRUNNER-TRAUT: Pharao und Jesus als Söhne Gottes, in: Gelebte Mythen. Beiträge zum altägyptischen Mythos (1961), Darmstadt ²1981, 34–53, S. 47–51. – Hinzufügen muß man auch die *orale* Phantasie, nach der eine Göttin, ein überirdisches Wesen ist, das dem neugeborenen Kind die Nahrung spendet. Bereits das ugaritische *Keret-Epos* aus der Mitte des 2. Jahrtausends v. Chr. erzählt, daß König Keret nach seiner Heirat mit Hurrija, der Tochter Königs Pabil-malku von Udm, den Sohn Jassib zeugt, den die Göttinnen Atirat und Anat anstelle der Mutter säugen. Vgl. K. H. BERNHARDT: Anmerkungen zur Interpretation des Krt-Textes von Ras Schamra-Ugarit, in: Wiss. Zeitschrift d. Univ. Greifswald, 2/3, 1955/56, 101–121. – In der griechischen Mythe wird Herakles von Hera auf den Arm genommen und durch das Saugen an ihrer Brust unsterblich; vgl. R. VON RANKE-GRAVES: The Greek Myths, 1955; dt.: Griechische Mythologie. Quellen und Deutung, übers. v. H. Seinfeld, 2 Bde., Hamburg (rde 113–114; 115–116) 1960; 2. Bd., 85. – Auch in dem Märchen vom «*Marienkind*» spielt die orale Komponente bei der Vergöttlichung der Mutter die größte Rolle.

[14] Zur Mythe von Demeter und Persephone paßt vor allem die Thematik des «*Marienkindes*», daß der Beginn der Liebe als ein Abstieg in die «Unterwelt» verstanden wird: Hades, der Gott des Todes, «raubt» die jungfräuliche «blumenpflückende» Persephone; das Ende der Mutterbindung durch die Begegnung mit dem anderen Geschlecht wird mithin erlebt wie ein Tod. Zur Deutung des eleusinischen Demeter-Mythos vgl. C. G. JUNG – K. KERÉNYI: Das göttliche Kind. Die Hauptgestalt der Mysterien von Eleusis in mythologischer und psychologischer Beleuchtung, Amsterdam-Leipzig 1940 (Albae vigiliae, VIII–IX), später: Die Psychologie des Kindarchetypus, in: Ges. Werke 9/I.

[15] Manche Vorstellungen des Märchens entstammen offenbar dem biblischen Sprachgebrauch; so erinnern die «Schlüssel des Himmelreichs» an Mt 16,19; die 12 Apostel auf ihren Thronen erinnern an Dan 12,3, wo die Weisen im Himmel als «Glanz der Himmelsfeste» beschrieben werden, woran Mt 13,43 anknüpft; bes. Mt 19,27 verheißt, daß die Jünger «auf zwölf Thronen sitzen» würden, «um die zwölf Stämme Israels zu richten.»

[16] Das Symbol des «*Engels*» kann im Märchen sehr unterschiedlich sein; als Begleiter und Wegführer verkörpert der Engel oft das Wesensgewissen eines Menschen, so z. B. der «*Engel*» in dem Märchen vom «*Mädchen ohne Hände*»; vgl. E. DREWERMANN – INGRITT NEUHAUS: Das Mädchen ohne Hände (s. o.

Anm. 8), S. 46, Anm. 31. Die *kleinen* Engelgestalten aber verkörpern oft den Geist der Kindheit, wie z. B. im Märchen von *«Schneeweißchen und Rosenrot»* (KHM 161); vgl. E. DREWERMANN – INGRITT NEUHAUS: Schneeweißchen und Rosenrot. Olten-Freiburg 1983, S. 30. – Zum Begriff des Engels in der Religionsgeschichte vgl. G. VAN DER LEEUW: Phänomenologie der Religion, Tübingen ⁴1977, 149–155.

[17] Religionsgeschichtlich besitzt der Himmelsgott das absolute Recht und die Macht, alles zu sehen; umgekehrt existiert die Vorstellung, daß es tödlich ist, die Gottheit anzuschauen. Vgl. Ex 33,20 f.; oder *Bhagavadgita* XI 8: «Doch kannst du mich nicht mit diesem deinem (menschlichen) Auge erblicken.» S. RADHAKRISHNAN: The Bhagavadgita, London; dt.: Die Bhagavadgita. Sanskrittext mit Einleitung und Kommentar. Mit dem indischen Urtext verglichen und ins Deutsche übers. v. S. Lienhard, Baden-Baden 1958, 312.

[18] Das Anschauen Gottes gilt geradezu als Inbegriff der Gottesbegegnung. Vgl. G. MENSCHING: Die Religion. Eine umfassende Darstellung ihrer Erscheinungsformen, Strukturtypen und Lebensgesetze, München (Goldmann Tb. 882–883) o. J., 222 ff.

[19] So im *«Salve, Regina»* aus dem 11. Jh., wo es heißt: «und nach diesem Elend (sc. der irdischen Existenz) zeige uns Jesus, die gebenedeite Frucht deines Leibes.»

[20] Im Grunde sind die 12 Apostel hinter den Himmelstüren Nachfahren der 12 Tierkreiszeichen, die bereits hinter der Symbolik der 12 Söhne Jakobs bzw. der 12 Stämme Israels stehen. Vgl. A. JEREMIAS: Das Alte Testament im Lichte des Alten Orients. Handbuch zur biblisch-orientalischen Altertumskunde, Leipzig 1904, 225–227; vgl. danach TH. MANN: Joseph und seine Brüder, III 1154.

[21] S. FREUD: Vorlesungen zur Einführung in die Psychoanalyse (1916–1917), in: Ges. Werke XI, London 1940, 155; 166; W. STEKEL: Die Sprache des Traumes. Eine Darstellung der Symbolik und Deutung des Traumes in ihren Beziehungen zur kranken und gesunden Seele, München 1921, 333–334. – In gleichem Sinne H. MILLER: Black Springs, Paris; dt.: Schwarzer Frühling, übers. v. K. Wagenseil, Hamburg (rororo 1610) 1973, 23.

[22] C. G. JUNG: Versuch einer psychologischen Deutung des Trinitätsdogmas (1942), in: Ges. Werke 11, Olten-Freiburg 1963, 119–218, S. 165; 172–178; H. BAUMANN: Das doppelte Geschlecht. Ethnologische Studien zur Bisexualität in Ritus und Mythos, Berlin 1955, 139; 149 ff, verweist darauf, daß die Dreiheit und Dreigesichtigkeit des Göttlichen «nur eine andere Art der Darstellung seiner bisexuellen Natur»

bilden (149). Vgl. E. DREWERMANN: Religionsgeschichtliche und tiefenpsychologische Bemerkungen zur Trinitätslehre, in: W. BREUNING (Hrsg.): Trinität. Aktuelle Perspektiven der Theologie, Freiburg 1984.

[23] C. G. JUNG: Versuch einer psychologischen Deutung des Trinitätsdogmas, Bd. 11, S. 196–204.

[24] Zur biblischen Sündenfallerzählung vgl. E. DREWERMANN: Strukturen des Bösen. Die jahwistische Urgeschichte in exegetischer, psychoanalytischer und philosophischer Sicht, 3 Bde., Paderborn ³(erw.) 1982, 1. Bd., 75–78.

[25] Vgl. K. ABRAHAM: Über Einschränkungen und Umwandlungen der Schaulust bei den Psychoneurotikern nebst Bemerkungen über analoge Erscheinungen in der Völkerpsychologie (1914), in: Psychoanalytische Studien zur Charakterbildung und andere Schriften, hrsg. v. J. Cremerius, Frankfurt 1969, 324–382, S. 326–343; die «Kastration» ist symbolisch der «Selbstblendung» des Ödipus gleichzusetzen. Zu dem Verbot, Gott anzuschauen, als Konsequenz des Ödipuskomplexes vgl. E. DREWERMANN: Strukturen des Bösen, 2. Bd., 451–469, zu Gen 9,20–27, der Sünde Chams.

[26] In der Analyse des «Wolfsmannes» beschrieb S. FREUD: Aus der Geschichte einer infantilen Neurose (1918), in: Ges. Werke XII, London 1947, 27–157, S. 63–66 ausführlich die traumatisierende Wirkung der Urszene.

[27] Ohne diesen Narzißmus des Über-Ichs wäre die verurteilende Härte der sonst so liebevollen «Mutter Gottes» völlig unverständlich. M. PROUST: Die Beichte eines jungen Mädchens, in: Tage der Freuden, Frankfurt a. M. – Berlin – Wien (Ullstein Tb. 71) 1977, 89–102, hat in ergreifender Weise geschildert, wie ein heranwachsendes Mädchen an der moralischen Überforderung seiner madonnenhaften Mutter zerbricht; vgl. E. DREWERMANN: Von der Geborgenheit im Ring der Liebe, in: Psychoanalyse und Moraltheologie, 3 Bde., Mainz 1982–1984, 2. Bd.: Wege und Umwege der Liebe, 31–33.

[28] Dasselbe Verhalten schildert z. B. das Märchen vom *«Rotkäppchen»* (s. o. Anm. 6), das sein Abweichen vom Weg damit begründet, daß es im «Wald» «Blumenpflücken» könne, um der Großmutter Freude zu machen; aber die Hoffnung trügt: der Triebwunsch, der «Wolf», führt dazu, daß die «Großmutter», das Über-Ich, sich selber in den fressenden Wolf verwandelt und das *«Rotkäppchen»* verschlingt. Die Warnung der Mutter hingegen, das «Glas» mit «Wein» könnte «zerbrechen», die weibliche Unversehrtheit also zerstört werden, trifft nicht ein: die onanistische Abweichung selbst wird bereits so tabuisiert, daß am Ende

nichts anders übrig bleibt als die Rettung durch den «Jäger», den eigenen Vater also.

[29] So schon S. FREUD: Die Traumdeutung (1900–1901), in: Ges. Werke II–III, London 1942, 359; DERS.: Vorlesungen zur Einführung in die Psychoanalyse (s. o. Anm. 21), 160. – In sehr derber Sprache vgl. zur Symbolik des «Schlüssels» auch E. LITTMANN (Übers.): Die Erzählungen aus den 1001 Nächten, vollst. Ausg. nach dem arab. Urtext der Calcuttaer Ausg. v. 1839, Frankfurt (insel tb. 224) 1976, 12 Bde., 2. Bd., 465: die Geschichte des Eunuchen Buchait.

[30] S. FREUD: Die Traumdeutung, II–III 697; *ders.*: Vorlesungen, XI 157–158; 164.

[31] Zu dem Problem der Maßlosigkeit und Übersteigerung onanistischer Phantasien vgl. E. DREWERMANN: Zur Frage der moraltheologischen Beurteilung bestimmter Formen sexuellen Fehlverhaltens (1979), in: Psychoanalyse und Moraltheologie, Bd. 2, 178–185.

[32] G. BATESON – D. D. JACKSON – J. HALEY – J. WEAKLAND: Toward a theory of schizophrenia, Behav. Sci. 1 (1956) 251–264, entwickelten erstmals den Begriff der «Doppelbindung», der durch P. WATZLAWICK – J. H. BEAVIN – D. D. JACKSON: Menschliche Kommunikationsstörungen. Formen, Störungen, Paradoxien, Bern 1969, auch in Deutschland Eingang fand.

[33] Das zwangsneurotische Zeremoniell des Ungeschehenmachens hat S. FREUD: Hemmung, Symptom und Angst (1926), in: Ges. Werke XIV, London 1948, 150–151, meisterlich beschrieben. É. ZOLA: La faute de l'Abbé Mouret, 1875 (in: Les Rougon Macquart, Bd. 5); dt.: Die Sünde des Abbé Mouret, übers. v. O. Schwarz, München 1922, z. B. schilderte den Versuch des Abbé Mouret, den «Sündenfall» mit der naturhaft-unschuldigen Albine im Paradies des Materialisten Jeanbernat durch Askese rückgängig zu machen; Albine stirbt an der Zurückweisung durch den Abbé, und obwohl Mouret seinen Verzicht auch angesichts seines Opfers bejaht, fragt Zola doch indirekt, worin eigentlich die Sünde des Abbé Mouret bestand: in seiner Liebe oder in dem Verzicht auf seine Liebe.

[34] Vgl. E. DREWERMANN: Zur Frage der moraltheologischen Beurteilung bestimmter Formen sexuellen Fehlverhaltens (1979), in: Psychoanalyse und Moraltheologie, 2. Bd., 183–185. Es geschieht zur Selbstbestrafung, daß zunächst alle anderen Glücksquellen ausgeschaltet werden und schließlich nur noch die eine einzige per Verbot fixierte und überwertig gewordene Form des Selbstgenusses übrigbleibt.

[35] Vgl. zu Gen 3,8 ff. E. DREWERMANN: Strukturen des Bösen, 1. Bd., 79–86.

[36] Zu Recht meint J. RATTNER: Psychologie und Psychopathologie des Liebeslebens, München (Kindler Tb. 2067–68) 1970, 49: «Die Erfahrung lehrt, daß derartige triebhafte Komplikationen (sc. wie die Zwangsonanie, d. V.), gegen die der von ihnen Behaftete oft Jahre und Jahrzehnte lang vergeblich ankämpft, durch die psychotherapeutische Kur mitunter sehr schnell behoben werden können. Es ist oft schon eine unsägliche Entlastung für den Onanisten, wenn er – der sich mit seinem Leiden allein auf der Welt fühlt – mit dem verständnisvollen Gesprächspartner das Problem sachlich durchbesprechen kann.» – Das Problem des vergoldeten Fingers bzw. des Goldenen Haares erscheint auch im Märchen vom «Eisenhans» (KHM 136) und ist dort wohl ähnlich zu verstehen; es nimmt in diesem Märchen aber eine ganz andere Entwicklung, indem die Gestalt aus der Tiefe, der «Eisenhans», sich als Verbündeter des Jungen, nicht als sein Gegner erweist; im Gegenteil lohnt es der «wilde Mann», daß der Junge ihn aus dem «Gefängnis» seiner Eltern befreit hat.

[37] P. CHRISTIAN: Herz und Kreislauf, in: V. E. Frankl – V. E. v. Gebssattel – J. H. Schultz (Hrsg.): Handbuch der Neurosenlehre und Psychotherapie, 2. Bd: Spezielle Neurosenlehre, München-Berlin 1959, 495–516, verweist im Umkreis juveniler Hypertonie auf die Kollision von Wollen und Können aufgrund eines zu hoch gespannten Ichideals (508) sowie auf das Problem der Scham, des Herzklopfens bei Verlegenheit und Betroffenheit (510). Subjektiv stellt sich nicht selten eine Beziehung her zwischen Herzrhythmusstörungen und dem Herzjagen während der Onanie, wobei gerade die schuldbewußten Verzögerungen des Orgasmus und die häufigen Ritualisierungen der Zwangsonanie mitunter tatsächlich auch objektiv die Stabilität des Kreislaufs ins Wanken bringen können.

[38] Vgl. E. DREWERMANN: Ein Plädoyer für die Lüge oder: vom Unvermögen zur Wahrheit, in: Psychoanalyse und Moraltheologie, 3. Bd.: An den Grenzen des Lebens, Mainz 1984.

[39] Dahinein gehören Äußerungen, denen man besonders bei manchen hochgestellten Klerikern mitunter in erschreckender Weise begegnet, etwa wenn sie mit Nachdruck betonen, daß sie mit den Versuchungen der Sexualität «nie» etwas zu tun hatten. Nicht nur die Selbstgerechtigkeit im Urteil ist dabei erstaunlich, auch die Ahnungslosigkeit im Umgang mit sich selbst verblüfft dabei immer wieder. D. MORRIS: The Human Zoo, London 1969; dt.: Der Menschenzoo, übers. v. F. Bolle, München-Zürich 1969, 127 schildert z. B. die orgasmusähnliche Vision der hl. Teresa, die sah, wie ein Engel über sie kam: «In seinen Händen erblickte ich einen langen goldenen Speer, dessen eiserne Spitze eine Flammenzunge zu sein schien. Es war mir, als durchbohre er mehrere Male mein Herz, so daß die Spitze in mein Inneres drang. Als er den Speer herauszog, hatte ich die Vorstellung, er ziehe mein Inneres mit, und er ließ mich zurück in einer alles verzehrenden Liebe zu Gott. Der Schmerz war so jäh, daß ich mehrere Male laut aufstöhnte, und so überwältigend war die Süße, die mir der tiefe Schmerz bereitete, daß ich wünschte, sie solle nie aufhören.» – Warum nur ist es so schwer, einfachhin menschlich zu leben?

[40] Mit Recht stellte bereits S. FREUD: Beiträge zur Psychologie des Liebeslebens (1910), in: Ges. Werke VIII, London 1943, 88, fest: «Der Schaden der anfänglichen Versagung des Sexualgenusses äußert sich darin, daß dessen spätere Freigebung in der Ehe nicht mehr voll befriedigend wirkt.» Er fügte freilich hinzu, was heute zumeist überlesen wird: «Aber auch die uneingeschränkte Sexualfreiheit von Anfang an führt zu keinem besseren Ergebnis. Es ist leicht festzustellen, daß der psychische Wert des Liebesbedürfnisses sofort sinkt, sobald ihm die Befriedigung bequem gemacht wird.»

[41] Das Motiv des Verstummens taucht z. B. auf in dem Märchen «Die zwölf Brüder» (KHM 9) und «Die sechs Schwäne» (KHM 49), es hat dort aber den Sinn, ein Geheimnis zu wahren, dessen Mitteilung die Erlösung der Brüder gefährden würde. Ähnlich ist das Schweigegebot in W. A. MOZARTS «Zauberflöte» zu verstehen. Anders im Märchen vom «Marienkind», wo die Stummheit aus der Lüge erwächst. – A. QUINN: The Original Sin; dt.: Der Kampf mit dem Engel. Eines Mannes Leben, übers. v. H. Hermann, Bern-München 1972; Neudruck: München (Goldmann Tb. 3401) o. J., 8–9, erzählt in seiner Autobiographie von dem Stimmverlust nach einem Theaterabend und wie der Arzt zu ihm sagt: «...Sie haben eine Lüge im Hals stecken.» Er selbst fährt fort: «Eine Lüge im Hals stecken!!! Ich hatte tausend Lügen im Halse stecken! Welche lähmte mich?... Ich sah, daß alles, was ich geleistet hatte, nichts war als Eitelkeit und Trug... Ich war dabei zu ertrinken.» «Glauben Sie an die Liebe?», fragt ihn der Arzt (11), – es wird die entscheidende Frage, um die Angst zu besiegen, die die verlorene Kindheit verewigt und die Sehnsucht nach Liebe an ihrer Verwirklichung hindert.

[42] Natürlich setzt diese «Unaussprechlichkeit» voraus, daß die «Mutter Gottes» auch ihrerseits die sexuelle Thematik stets gemieden hat und allenfalls in vorsichtigen symbolischen Wendungen auf die Liebe hinweist.

[43] Auf geniale Weise hat S. KIERKEGAARD: Der Begriff Angst. Eine simple psychologisch-hinweisende Erörterung in Richtung des dogmatischen Problems der Erbsünde, Kopenhagen 1844; ins Deutsche übers. v. L. Richter, Hamburg (rk 71; Werke in 5 Bden., 1. Bd.) 1960, 119–120, das Dämonische, die Angst vor dem Guten, in der Gestalt des «Plötzlichen» und der Stummheit, der «brütenden Verschlossenheit» bestimmt; Mephistopheles, meinte KIERKEGAARD, sei wesentlich mimisch.

[44] Wollte man ein Bild des «Marienkindes» malen, so müßte es gewiß die Züge von E. MUNCHS Bild «Der Schrei» (1893) tragen. Vgl. TH. M. MESSER: Edvard Munch, Köln 1976, S. 84–85.

[45] Der sehr treffende Ausdruck der «Als-ob-Fassade» stammt von G. AMMON: Psychodynamik des Suizidgeschehens, in: G. Ammon (Hrsg.): Handbuch der Dynamischen Psychiatrie, 1. Bd., München 1979, 777–792, S. 779.

[46] F. M. DOSTOJEWSKI: Podrostok (1875); dt.: Der Jüngling, übers. v. E. K. Rahsin, München 1922; Neudruck: Frankfurt (Fischer Tb. 1255) 1970; 3. Teil, 5. Kap., 3. Abschn., S. 467–468, schildert die Verzweiflung Andrejeffs, der sein Äußeres völlig vernachlässigt, gelangweilt dasitzt und plötzlich anfängt, haltlos zu weinen. Parallel dazu beschreibt Dostojewski die stumme Verzweiflung des Gretchens in GOETHES «Faust».

[47] Entsprechende Beispiele von Jagdträumen mit Rehen u. a. berichtet W. STEKEL: Die Sprache des Traumes, 117 ff. Das Bild des «Königs» weist in objektaler Betrachtung zumeist auf eine gewisse Überhöhung des Liebespartners unter dem Einfluß des Ödipuskomplexes mit den entsprechenden Vatererinnerungen hin.

[48] Von altersher ist das männliche Erleben von Jagd und Eroberung mit sexuellen Erlebnisqualitäten verbunden; vgl. E. DREWERMANN: Der Krieg und das Christentum. Von der Ohnmacht und Notwendigkeit des Religiösen, Regensburg 1982, 76–82.

[49] Unter «Nagualismus» versteht man die im alten Amerika weitverbreitete Vorstellung von einem «Alter ego» «in Gestalt eines Tieres, das als Schutzgeist oder Gefährte so eng mit einem Menschen verbunden war, daß es alles erlitt, was dem Menschen zustieß.» W. KRICKEBERG: Die Religionen der Kulturvölker Mesoamerikas, in: W. Krickeberg – H. Trimborn – W. Müller – O. Zerries: Die Religionen der alten Amerika. (Die Religionen der Menschheit, hrsg. v. C. M. Schröder, Bd. 7), Stuttgart 1961, 38.

[50] Zum Märchen von «Brüderchen und Schwesterchen» vgl. R. MEYER: Die Weisheit der deutschen Volksmärchen, Stuttgart 1969, 81–84; von der esoterischen

Märchendeutung her vgl. F. LENZ: Bildsprache der Märchen, Stuttgart 1971, 79–93. – Psychoanalytisch ist hervorzuheben, daß die «Stiefmutter» selbst die «Quellen» des «Waldes» so verzaubert hat, daß sie jeden in ein reißendes Tier verwandelt, der auch immer daraus trinkt. Auch hier ist daran zu denken, daß gerade die lieblose Unterdrückung durch die Mutter die Sehnsucht nach der Liebe so gefährlich macht; der Abwehrmechanismus, den das Märchen von «Brüderchen und Schwesterchen» im Umgang mit dem Triebwunsch empfiehlt, ist der Aufschub, der freilich nur eine Zeitlang erfolgreich ist, wie sich denn auch im «Marienkind» zeigt.

[51] Das «Gebüsch» ist ein bekanntes Symbol der weiblichen Genitalbehaarung; vgl. S. FREUD: Vorlesungen, XI 158; 197, während das «Schwert» ein verbreitetes männliches Sexualsymbol ist.

[52] Vgl. E. SIECKE: Die Liebesgeschichte des Himmels. Untersuchungen zur indogermanischen Sagenkunde, Straßburg 1892, 3. Gewiß irrte Siecke darin, die rezenten Märchen als Quellen altgermanischer Mythologie zu betrachten, aber die symbolischen Inhalte, die er analysierte, existieren in der alten Naturmythologie wirklich.

[53] Vgl. E. DREWERMANN: Psychoanalyse und Moraltheologie, II 181.

[54] I. BERGMAN: Scener ur ett äktenskap, 1972; dt.: Szenen einer Ehe, übers. v. H.-J. Maass, Hamburg 1975, 135–167, überschrieb in gleichem Sinn die 5. Szene seines berühmten Eheportraits mit dem Titel «Die Analphabeten»; 148–149: «Wir sind Analphabeten, wenn es um Gefühle geht. Und das ist eine traurige Tatsache, nicht nur, was dich und mich betrifft, sondern praktisch alle Menschen sind es. Wir lernen alles über den Ackerbau in Rhodesien und den Körper und über die Wurzel aus Pi…, aber kein Wort über die Seele. Wir sind bodenlos und ungeheuer unwissend, wenn es um uns selbst und andere geht. Heutzutage sagt man so leichthin, man soll die Kinder zur Menschlichkeit und Verständnis und Toleranz und Gleichheit, oder wie die Modewörter sonst noch lauten, erziehen. Aber niemand kommt auf die Idee, daß wir zuerst etwas über uns selbst und unsere eigenen Gefühle lernen müssen.»

[55] Das Motiv der vertauschten Braut deutete E. SIECKE: Die Liebesgeschichte des Himmels, 7–15, naturmythologisch recht überzeugend von dem Wechsel von Sonne und Mond bzw. der hellen und dunklen Seite des Mondes her; tiefenpsychologisch wird man darin den Wechsel zwischen dem Bewußtsein und den verdrängten, dunklen Teilen der Psyche, dem Schatten, sehen müssen.

[56] Jahrzehntelang galt der Satz des Kirchenrechts von 1917, Canon 1013, §1: «Der primäre Zweck der Ehe ist die Hervorbringung und Aufzucht der Nachkommenschaft; der sekundäre Zweck ist die wechselseitige Hilfe und (ihre Funktion als) Zufluchtsmittel der Begehrlichkeit.» Zwar ist in der reformierten Form, in der 1984 das neue Kirchenrecht promulgiert wurde, diese Passage geändert worden, aber die Erniedrigung der Liebe in der katholischen Kirche hat in Jahrhunderten eine Mentalität der Angst, der Schuldgefühle, der Verdrängungen und ihrer charakterlichen Reaktionsbildungen geschaffen, die auf unabsehbar lange Zeit wohl weiter Schaden stiften wird.

[57] I. EIBL-EIBESFELDT: Liebe und Haß. Zur Naturgeschichte elementarer Verhaltensweisen, München-Zürich 1970, 149–187, beschreibt ausführlich den sozialen, nicht genital sexuellen Wert des Kusses, der Umarmung, der Mundberührung der weiblichen Brust u. a., und kritisiert zu Recht (177 ff.) die moraltheologische Engführung der katholischen Kirche in den Fragen der menschlichen Sexualität; er betont vor allem den Wert, den sexuelle Kontakte schon im Tierreich für die Paarbindung jenseits der Perioden möglicher Fruchtbarkeit besitzen.

[58] Gemessen an den Tieren kann man sogar von einer «Hypersexualität» der menschlichen Spezies sprechen, die keinesfalls als «Verfallserscheinung» zu beklagen ist; sie ist die Folge dauerhafter Familiengründungen mit mehreren Kindern, die, beim Menschen einzigartig, über Jahre hin versorgt werden müssen. I. EIBL-EIBESFELDT: a. a. O., 179.

[59] Zunächst neigt man in der Psychotherapie dazu, die Angst vor gefühlsmäßig engeren Kontakten als Folge sexueller, zumeist ödipaler Ängste zu interpretieren; oft genug aber wird man gerade bei depressiven Patienten bemerken, daß die Kontaktangst bereits aus einer Zeit stammt, in welcher die Mutter bei jeder körperlichen Annäherung des kleinen Kindes mit Angst und Abwehr auf ihre eigenen sexuell getönten Gefühlswahrnehmungen antwortete; auf das Kind mußte diese Gefühlssperre so wirken, als wenn schon der Wunsch nach Nähe und Zärtlichkeit an sich etwas Unerlaubtes wäre. Wenn S. FREUD bereits die frühkindliche Oralität und Analität als «sexuell» deutete – eine These, die zu vielerlei Mißverständnissen und Kontroversen geführt hat –, so muß man gewiß sagen, daß die erwachsene Reaktion der Mutter aufgrund eigener sexueller Ängste die Verhaltensweisen des Kindes immer wieder so beantwortet wird, als wenn es sich hier um ein sexuelles Verhalten in genitalem Sinne handeln würde; schließlich wird auf diese Weise die gesamte Welt des Kindes «pansexualisiert», und gerade diese Erlebnisweise wollte FREUD in seinen heute oft schwer nachvollziehbaren Theo-

rien beschreiben. Bereits das Stillen, das Wickeln, das Trockenlegen des Kindes löst bei einer entsprechend erzogenen Mutter sexuelle Gefühle aus, gegen die sie sich wehren muß, indem sie ihr Kind zurückweist: der Blickkontakt bricht ab, das Mienenspiel verändert sich, die Irritation des Kindes beginnt und kann sich alsbald in Erbrechen, Durchfall, Hautkrankheiten, nächtlichem Schreien u. a. äußern, – Symptome, die nun wieder mit einem Übermaß ängstlich-schuldbewußter Fürsorge und Betulichkeit wiedergutgemacht werden müssen.

[60] Beispielhaft ist z. B. das gotische Gemälde von MEISTER BERTRAM: Die Ruhe auf der Flucht, Grabower Altar, 1379–1383, in der Hamburger Kunsthalle, wo die Mutter Gottes gezeigt wird, wie sie abgewandten Gesichtes dem Jesuskind die Brust reicht; während das Jesuskind mit seinem Blick die Augen seiner Mutter sucht, schaut diese traurig in andere Richtung vor sich hin. Vgl. G. SOUCHAL – E. CARLI – J. GUDIOL: De Gotische schilderkunst, Amsterdam; dt.: Die Malerei der Gotik (Epochen der Kunst, Nr. 6), übers. v. E. Rapsilber, H. W. Grohn u. B. Weitbrecht, bearb. v. H. Gottschalk, Gütersloh 1965, Abb. 135 (vgl. auch Abb. 31, das Bild der Madonna mit dem Kind, aus der Pinakothek in Turin, 1425). Oder vgl. E. BUCHNER: Malerei der deutschen Spätgotik, München 1960, Abb. 34: Maria mit dem Kind des Salzburger Meisters KONRAD LAIB (?) um 1450–60, wo der Gestus des Stillens mit dem Kind überhaupt nichts zu tun hat und nur die beziehungslose «Mütterlichkeit» der Madonna zum Ausdruck bringt. Man vergleiche daneben die altägyptischen Statuetten der Göttin Isis mit dem Horus-Knäblein!

[61] M. L. V. FRANZ: Bei der schwarzen Frau (s. o. Anm. 5), 343, sieht in den drei Söhnen der Königin eine «Triade von Knaben von relativer Unbestimmtheit», die sie (natürlich) im Sinne C. G. JUNGs als «Trinität» deutet; daran ist richtig, daß das «Marienkind» durch die Geburt der Kinder wirklich zur «Mutter Gottes» wird: ihre drei Kinder spielen mit der «Weltkugel» wie das Christuskind; aber diese psychische Identifikation mit dem eigenen Über-Ich ist gerade das Gegenteil eines harmonischen Individuationsprozesses, in dem die männliche Dreiheit zur weiblichen Vierheit verschmelzen würde; sie bedeutet vielmehr die Fortsetzung des eigenen Unlebens nunmehr in der 3. Generation. Demgegenüber ist es fast nebensächlich zu bemerken, daß es sich im Märchen vom «Marienkind» gar nicht um «drei Knaben» handelt – das dritte Kind ist ein Mädchen; doch solche «Abweichungen» sind für die Stereotypie mancher Deutungen kaum ein Grund, die eigene Inter-

pretationsweise in Frage zu stellen. – Die Verleumdung einer Frau als Menschenfresserin taucht auch anderweitig auf; vgl. z.B. das Märchen «Die Nymphe des Brunnens» bei MUSÄUS: Volksmärchen der Deutschen (1842), Stuttgart (Parkland) o.J., 277–325.

[62] Vgl. ST. ZWEIG: Marie Antoinette. Bildnis eines mittleren Charakters, Leipzig 1932; Neudruck: Frankfurt (Fischer Tb. 2220) 1980, 28–37; 205–224, wo St. Zweig das Verhältnis der unglücklichen französischen Königin zu ihrem Gemahl und zu ihrem geheimen Freund, dem schwedischen Gesandten Graf Axel von Fersen, schildert.

[63] Paradoxerweise kann das Gebaren der «Marienkinder» nach außen hin tatsächlich wie stolz wirken, indem gerade das Gefühl der eigenen Wertlosigkeit im Ich um so mehr dazu führt, sich den Ansprüchen des Über-Ichs zu unterwerfen und sich dementsprechend auch nach außen darzustellen. Die These vom «Stolz» als Inbegriff der Sünde ist bei Theologen nach wie vor beliebt, aber sie verkennt regelmäßig die Angst und die Minderwertigkeitsgefühle im Hintergrund des sog. Stolzes. Vgl. E. DREWERMANN: Strukturen des Bösen, 3. Bd., S. LXXVI–LXXVIII; DERS.: Psychoanalyse und Moraltheologie, 1. Bd., Mainz 1982, 118–120. – Die Identifikation des «Marienkindes» mit dem Vorbild der «Mutter Gottes» zeigt sich in der Praxis oft schon im Sprachgebrauch; statt von sich selbst spricht eine solche Frau meist in der 3. Person von sich: «Euere Mutter» oder: «Eine Mutter muß doch...» J.M. DOUGALL: Über die weibliche Homosexualität, in: J. Chasseguet-Smirgel (Hrsg.): La sexualité féminine, Paris 1964; dt.: Psychoanalyse der weiblichen Sexualität, übers. v. G. Osterwald, Frankfurt (s.v. 697) 1974, 233–292, S. 261, weist im Zusammenhang der Identifikation der Tochter mit der Mutterimago sehr richtig darauf hin, daß die Mutter stets in idealisierter Form wahrgenommen wird, «als schön, begabt und verführerisch», woran gemessen die Tochter sich selbst als Versager erlebt, so daß es für die Tochter unmöglich scheint, «die Mutter könne durch den Besitz des Vaters als Liebesobjekt an Wert gewinnen». Gerade so ist die Konstellation in der Kindheit und Ehe des *Marienkindes*.

[64] S. FREUD: Trauer und Melancholie (1916), in: Ges. Werke X, London 1946, 427–446, S. 432, meinte, es sei bei den Selbstbeschuldigungen Depressiver «wissenschaftlich wie therapeutisch gleich unfruchtbar, dem Kranken zu widersprechen... Wenn er sich in gesteigerter Selbstkritik als kleinlichen, egoistischen, unaufrichtigen, unselbständigen Menschen schildert, der nur immer bestrebt war, die Schwächen seines Wesens zu verbergen, so mag er sich unseres Wissens der Selbsterkenntnis ziemlich angenähert haben, und wir fragen uns nur, warum man erst krank werden muß, um solcher Wahrheit zugänglich zu sein. Denn es leidet keinen Zweifel, wer eine solche Selbsteinschätzung gefunden hat und sie vor anderen äußert – eine Schätzung, wie sie Prinz Hamlet für sich und alle anderen bereit hat, – der ist krank, ob er sich nun die Wahrheit sagt oder sich mehr oder weniger Unrecht tut.»

[65] F. M. DOSTOJEWSKI: Besy (1872), dt.: Die Dämonen, übers. v. E.K. Rahsin (1922), Frankfurt (Fischer Tb. 1252) 1970, 2. Teil, 6. Kap., 5. Abschn., S. 364, spricht von dem «offen verkündeten ‹Recht auf Ehrlosigkeit›».

[66] Vgl. E. DREWERMANN: Strukturen des Bösen, 3. Bd., 568–588.

[67] B. PASCAL: Pensées de M. Pascal sur la religion et sur quelques autres sujets, qui ont esté trouvées après sa mort parmy ses papiers, postum 1669; dt.: Über die Religion und über einige andere Gegenstände, übers. v. E. Wasmuth, Stuttgart ⁵(erw. u. neu bearb.) 1954, S. 247 (Nr. 555): «Du würdest mich nicht suchen, wenn du mich nicht besäßest. Beunruhige dich also nicht.»

[68] So das Bild vom Seewandel Petri in Mt 14,22–33.

[69] Vgl. E. DREWERMANN: Strukturen des Bösen, 3. Bd., 310–324.

[70] W. SHAKESPEARE: A midsommer night's dream, 1600; dt.: Ein Sommernachtstraum, übers. v. A. W. Schlegel, in: Sämtliche Werke, Wiesbaden (Löwit) o. J., 124–141, S. 141 (5. Akt, 1. Szene).

Weitere Bände der Reihe:

Das Mädchen ohne Hände

48 Seiten mit 11 Farbtafeln

Der goldene Vogel

63 Seiten mit 13 Farbtafeln

Frau Holle

52 Seiten mit 8 Farbtafeln

Schneeweißchen und Rosenrot

55 Seiten mit 6 Farbtafeln

Die Kristallkugel

64 Seiten mit 7 Farbtafeln

Die kluge Else / Rapunzel

101 Seiten mit 4 Farbtafeln

Der Trommler

82 Seiten mit 4 Farbtafeln

Brüderchen und Schwesterchen

104 Seiten mit 4 Farbtafeln

Walter-Verlag